# 임팩트 질문법

**임팩트 질문법**

초판 1쇄 인쇄 / 2018년 10월 1일
초판 1쇄 발행 / 2018년 10월 10일

지은이 / 이태복 · 최수연

펴낸 곳 / 주식회사 패러다임컨설팅

출판등록 / 1996년 12월 6일 (제 2016-20호)

전화 / (02)578-7220
Email / changenleader@gmail.com
Blog / 질문 아카데미
Homepage / www.paradigmconsulting.co.kr

값 15,000원

ISBN 9788995545775   03320

저작권법에 의해 보호를 받는 저작물이므로 책의 전체나 일부를 무단으로 전재하거나 복제할 수 없습니다.

# 임팩트 질문법

이태복·최수연 지음

패러다임

# Contents _ 차례

프롤로그 　 질문 있습니까? 　 _ 8

## 1장 　 새로운 시대, 질문 메이커를 요구한다

　 01 　 질문 속에 성장의 씨앗이 숨어 있다 　 _ 15
　 02 　 도랑 치고 가재 잡고 　 _ 18
　 03 　 질문은 학습 민첩성을 키운다 　 _ 20
　 04 　 시대는 창의적인 인재를 키워달라고 외친다 　 _ 23
　 05 　 질문이 춤추는 상황을 열망한다 　 _ 25

## 2장 　 통념에 도전하는 질문으로 새로운 길을 연다

　 01 　 문제 해결의 비밀병기, 질문 제로 　 _ 29
　 02 　 세상을 바라보는 틀, 질문으로 바꾼다 　 _ 33
　 03 　 도발적 질문, 잠자는 머리를 깨운다 　 _ 38
　 04 　 생각에 대한 생각, 메타인지 질문을 품는다 　 _ 42
　 05 　 올바른 생각의 길잡이, 비판적 사고 질문 　 _ 47
　 06 　 'So what?' 으로 인사이트를 발견한다 　 _ 56
　 07 　 마법의 질문, 왜 그렇게 생각합니까? 　 _ 63
　 08 　 Why?의 패러독스 　 _ 66

## 3장  생각의 수준을 높이는 질문

**01** 페리 질문으로 생각의 날을 간다 _73
**02** HOT 질문으로 머리를 뜨겁게 달군다 _80

## 4장  상상력에 날개를 달아 주는 질문

**01** 최고의 혁신가 질문, "어떻게 하면 ~할 수 있을까?" _91
**02** 조건부 언어 질문으로 생각을 확장한다 _95
**03** 세상을 바꾸는 What if?, "~한다면 어떻게 될까?" _101
**04** 창조적 대화의 열쇠, 적극적 탐구 _106
 * 까딱 잘 못하면 판을 깨는 질문들 _111

## 5장  토론의 파워를 높이는 질문

**01** 토론 업그레이드 질문 _123
**02** 질문 퍼실리테이션으로 문제 상황을 푼다 _128

## 6장 질문의 효과를 높이는 특별 전략

01 디딤돌 전략을 활용한다 _138
02 질문 선택의 순간 _142
03 사고 루틴으로 질문한다 _146
04 성찰 질문, 성장의 발판을 놓는다 _153
05 나만의 질문 포트폴리오를 준비한다 _157

## 7장 후배들에게 질문하는 방법을 가르쳐라!

01 질문 능력, 미래의 생존 스킬 _169
02 학습자의 질문 능력을 키우는 비결 _172
03 질문 마중물을 넣는 프롬프트 _179
04 작은 변화로 큰 차이를 만드는 QFT _182

## 8장 질문이 자라나는 경청의 기술

01 경청 없이 좋은 질문 없다 _191
02 경청의 기술 _195

## 9장 질문의 힘을 키우는 반응법

01 반응은 질문과 경청의 절친이다 _203
02 심리적 안전감 속에서 좋은 질문이 태어난다 _206
03 반응 파워를 올리는 전략 _217
04 주거니 받거니, 반사 토스 속에 생각의 힘이 쑥쑥! _229
05 공감 질문으로 감정을 터취한다 _234

## 10장 마음을 얻는 질문의 기술

01 상대에게 초점을 맞춘 질문, 점수를 딴다 _239
02 겸손한 질문, 천하를 얻는다 _242
03 피드백의 예술, 피드백 사다리 _247
04 MPS 질문으로 행복을 찾는다 _253

**에필로그** 질문 문맹에서 벗어나라 _257

**참고 문헌** _260

# 질문 있습니까?

졸업을 앞둔 약 30명의 대학생들에게 질문을 했다.

"여러분이 채용 면접을 보고 있다고 상상해 보십시오. 면접시험 말미에 면접관이 '질문 있습니까?'라고 묻는다면 면접관에게 질문을 하는 것이 유리할까요? 하지 않는 것이 유리할까요?"

모두들 이구동성으로 "질문하는 것이 유리합니다."라고 답했다.

그런데 실제 면접 장면에서는 왜 질문을 하지 않는 응시자들이 많을까?

"갑자기 물어보니까 질문이 생각이 안 나서요."
"괜히 잘못 질문했다가 손해 볼 것 같아서요."
"질문하는 방법을 잘 몰라서요." 등의 답이 나왔다.

연구에 따르면 면접관에게 질문을 하는 것이 유리하다. 그런데 질문을 할 때 한 가지 원칙이 있다. 면접관 자신의 의견을 묻는 열린 형식의 질문이어야 한다. 이런 질문들이다.

"면접관님은 세일즈 분야에서 오랜 경험을 지니고 계신데 저 같은 20대에게 어떤 조언을 해주시겠습니까?"
"면접관님은 이 업계에서 다양한 경험을 해오셨는데 이 산업이 향후 어떻게 변화될 것 같습니까?"

이런 질문을 받고 자신의 의견을 이야기할 때 면접관의 뇌에서 행복 호르몬인 도파민이 분비되어 기분이 좋아진다고 한다. 당연히 이 질문을 한 응시자에게 더 좋은 점수를 주지 않을까?
이렇게 질문 하나가 상황을 반전시키는 큰 힘이 있다. 어떤 상황에서든 질문을 통해 그 상황을 유리하게 바꿀 수 있다. 질문은 지금까지의 방법으로는 풀리지 않는 문제를 해결하고, 전혀 생각하지 못했던 아이디어가 떠 오르게 하고, 침체에 빠진 대화에 활력을 불어넣는다. 그래서 좋은 질문을 던지는 능력이 점점 더 중요해진다.
스스로 좋은 질문을 하는 능력은 가속화되는 인공지능의 시대에 인간과 지능형 기계를 구분하는 핵심적 요소이기도 하다. 뉴욕타임스로부터 위대한 사상가라는 칭호를 받은 케빈 켈리는 질문을 '우리가 일하고, 놀고, 배우고, 구매하고, 소통하는 방식을 혁명적으로 완전히 바꿀 큰 힘 중 하나'로 꼽는다. 만일 지금 좋은 질문을 할 수 있는 능력을 키워두지 않는다면 이런 시대에 설 자리는 점점 좁아질 수밖에 없다.[1]

상황을 반전시킬 좋은 질문 역량을 어떻게 키울 것인가?

이 물음에 대한 답을 얻기 위해 우리는 질문의 베스트셀러인 <질문파워>를 낸 이후 7년에 걸쳐서 폭넓고 깊이 있는 조사를 했다. 그리고 이제 그 결과를 이 책에 담았다.

이 책은 10개의 장으로 구성되어 있다.

1장에서는 우리가 앞으로 살아갈 시대는 답이 아니라 질문이 필요한 시대이며, 질문이 어떻게 이 시대의 요구에 부응하는가를 이야기한다. 질문의 놀라운 힘에 대해서도 알아본다.

2장에서 4장까지는 생각의 힘을 키울 수 있는 질문 방법을 자세히 살펴본다. 2장에서는 상황을 새로운 눈으로 볼 수 있는 질문을 어떻게 하는지 소개하고, 3장에서는 생각의 수준을 한층 더 끌어올리는 질문들을 어떻게 만드는지, 그리고 4장에서는 이미 알고 있는 것 너머로 생각을 확장하고 상상력에 불을 붙이는 질문들을 상세하고 알기 쉽게 제시한다.

새로운 시대에는 더 많은 사람들과 연결이 되고 그들과의 콜라보를 통해 중요한 아이디어를 얻는다. 넓은 시야로 전체를 바라보고 통합할 수 있는 능력이 더욱 중요해진다. 그에 따라 토론 능력이 더욱 중요해지는데 토론의 핵심은 바로 질문이다. 5장에서는 토론의 질을 높이는 질문들을 다룬다.

같은 질문이라도 질문하는 방법에 따라 그 효과가 크게 달라진다. 6장은 질문의 효과를 높일 수 있는 특별한 전략을 소개한다. 질문은 나뿐만 아니라 상대방도 잘 해야 시너지가 생긴다. 상대방의 질문 능력을 키워주면 이들이 세상에 커다란 차이를 만들어 낼 수 있을 것이다. 7장에서는 상대방, 즉 학생들이나 후배들의 질문 능력을 키울 수 있는 방법을 제시한다. 이 방법을 적용하면 직장과 학교는 질문으로 활력이 넘쳐날 것이다.

질문을 잘 하길 원하는 많은 사람들이 간과하는 것이 있다. 바로 경청과 반응이다. 서로 상대의 질문을 경청하고 적절하게 반응할 때 질문은 그 힘을 발휘할 수 있다. 질문과 경청 그리고 반응은 늘 어깨동무를 하며 함께 다니는, 떼려야 뗄 수 없는 삼총사 관계이다. 8장에서는 질문을 잘 하려면 어떻게 경청을 해야 하는지, 9장에서는 어떻게 반응을 잘 할 것인지를 다룬다.

끝으로 10장에서는 대화에 활력을 불어넣고, 관계를 좋게 만드는 질문들과 행복한 삶의 여정으로 이끌어줄 소중한 질문 방법들을 소개한다.

하버드 비즈니스 리뷰의 최근 호는 '질문의 놀라운 힘'에 대해 이야기한다. 질문은 우리가 미처 깨닫지 못했던 가치를 발견하게 하는 강력한 도구라고 소개한다. 구체적으로 질문은 생각의 힘을 키우고 아이디어가 자유롭게 오갈 수 있게 한다. 혁신과 성과 향상을 위한 에너지를 만들 뿐만 아니라 팀 멤버 간의 라포와 믿음을 키운다. 나아가서 눈에 보이지 않는 리스크를 사전에 예방할 수 있게 해준다.[2] 이 책은 당신도 질문의 이런 놀라운 힘을 체험해볼 수 있도록 질문 방법들과 작동 원리를 쉽고 상세하게 제시한다.

"우리의 마음속에는 지식과 지혜를 담을 곳간이 있는데, 질문을 통해서 지식과 지혜를 얻어 그 곳에 담을 수 있다. 만일 우리가 질문을 하지 않는다면 우리의 지식과 지혜의 곳간은 늘 텅텅 비어있을 것이다."

경영학의 아인쉬타인이라 불리는 하버드 비즈니스 스쿨의 클레이튼 크리스텐슨 교수가 한 말이다. <임팩트 질문법>으로 당신의 지식과 지혜의 곳간을 가득 채우기 바란다.

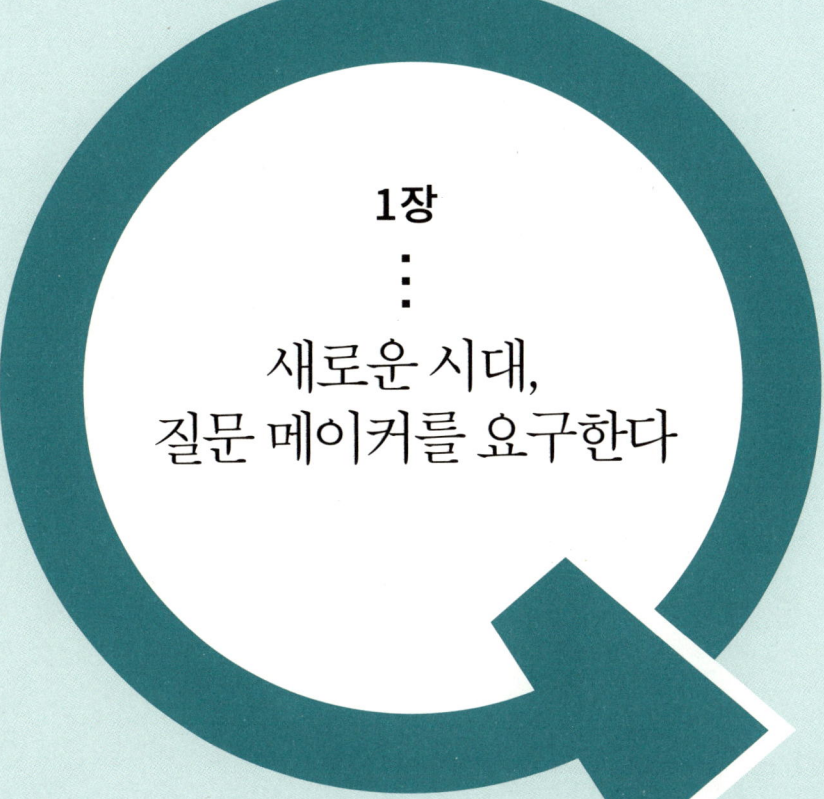

1장

:

새로운 시대,
질문 메이커를 요구한다

* 대화 : 질문이 바뀌면 대화의 품격이 바뀐다.
* 혁신 : 위대한 혁신 뒤에는 위대한 질문이 있다.
* 연애 : 질문을 잘 하면 애프터가 늘어난다.
* 면접 : 질문은 면접관의 마음을 기쁘게 한다.
* 성과 : 질문은 높은 성과를 만든다.
* 교육 : 질문은 교실을 춤추게 한다.
* 학습 : 좋은 질문은 생각의 힘을 키운다.
* 인생 : 질문 하나에 인생의 방향이 바뀐다.
* 문제 : 질문만으로도 문제의 90퍼센트는 해결된다.
* 관계 : 질문은 마음을 열게 한다.

결국, 질문은 답보다 훨씬 더 크다.

*01*

# 질문 속에 성장의 씨앗이 숨어 있다

　카메라 부품을 만드는 공장의 구매 팀에서 근무하는 김 과장은 새로운 상사에게 결재를 올렸다. 부품의 구매 단가를 결정하기 위한 것이었다. 상사는 김 과장에게 물었다. 먼저 부품의 소재는 무엇이고, 두께와 길이는 얼마나 되는가? 와 같은 질문들을 던졌다. 김 과장은 이미 알고 있는 정보로 쉽게 답을 할 수 있었다. 으쓱하며 이제 다 되었구나 하고 마음을 놓는 순간 상사는 질문을 이어 나갔다.

　이 부품과 맞물리는 부품은 무엇인가? 이 부품은 여기서 어떤 기능을 하는가? 이 부품은 어떤 서브 모듈에 통합되는가? 여기서 어떤 기능을 하나? 현재 기능은 그대로 유지하면서 이 부품의 두께를 줄일 수 있나?

　이 질문들에는 전혀 답을 하지 못했다. 평상 시 이런 것들에 대해 생각을 하지 않았기 때문이다. 김 과장의 마음속에서 이전 상사의 얼굴

이 스쳐갔다. 그 사람은 전형적인 '답정너' (답은 정해져 있으니 너는 그대로 하면 돼!) 스타일이었다. 자신이 모든 답을 가지고 있고 다른 사람들보다 훨씬 능력이 있기 때문에 "이 일에 가장 좋은 것이 무엇인지는 내가 가장 잘 안다."라고 생각했다. 다른 의견이 나오면 사사건건 끼어들어 "그게 아니야!"를 연발하면서 자기의 답을 주었다. 질문도 하지 않고 답을 콕 찍어주는 이런 스타일에 익숙하던 김 과장은 새로 부임한 상사의 송곳 같은 질문에 크게 당황했다.

그때 상사는 "김 과장은 무엇을 알고 있나요?"라고 물었다. 다혈질에 자존심이 세기로 소문이 자자한 김 과장은 순간적으로 열이 나서 "회사에서 과장을 달아준 것은 아는 게 모르는 것보다 많아서 그런 것 아니겠습니까?"라고 답을 했다. 하지만 등에서는 식은땀이 흘러내렸다.

그 일이 있은 후 그는 공장 라인에 가서 여러 가지 공부를 했다. 단순히 부품 하나만 생각하는 것이 아니라 전체를 보는 눈이 생겼다. 이제 회사에서는 그를 '구매부문의 작은 거인'이라고 부른다. 비록 직급은 과장이지만 구매에 있어서는 큰 실력을 갖춘 사람이라는 뜻이다.

"그 상사에게 결재를 올리면 송곳처럼 날카로운 질문으로 저를 긴장시키곤 합니다. 그 자리에서는 '내가 왜 이런 것을 미처 생각하지 못했나?'라는 아쉬움이 참 많이 남곤 합니다. 서류를 만들 때는 머리와 몸이 참 힘들지만 결재를 받고 나면 '뭔가 배웠다'라는 뿌듯함을 느낍니다." 이제 그는 상사에게 감사하는 마음을 갖고 있다.

좋은 질문은 이렇게 사람을 크게 성장시키는 힘이 있다. 질문 속에 성장의 씨앗이 숨어 있다. 성장의 씨앗은 질문을 할 때 비로소 움이 튼다.

# 도랑 치고 가재 잡고

일방적인 지시가 가장 좋은 방법이라고 여기던 팀장이 있었다. 그러던 그가 최근에 크게 바뀌었다.

"그동안 팀원이 무능하고 게으르다고만 생각했다. 그런데 얼마 전 질문에 대한 교육을 받은 후 팀원에게 설명을 하거나 답을 가르쳐주는 대신 질문을 해서 스스로 답을 찾게 하고 그 답을 현장에 적용하여 문제를 해결하도록 하였다. 며칠 전 공장 라인에 문제가 발생했을 때 이와 같은 방법으로 회의를 진행한 후에 팀원에게 현장에 가서 문제를 해결하라고 했다. 놀랍게도 그는 내가 생각한 방법보다 훨씬 더 좋은 방법으로 문제를 해결했다. 그 팀원에게 내가 생각한 방법보다 이 방법이 훨씬 좋다고 하니 그의 얼굴에 뿌듯함이 가득했다. 답을 주는 것에서 질문을 하는 것으로 단 한 가지만 바꿨을 뿐인데 이렇게 큰 효과가 있다니, 질문의 이런 효과를 진작 알았더라면 하는 아쉬움이 남았다."

질문으로 문제도 해결하고 팀원의 자부심도 키우고, 한마디로 도랑 치고 가재 잡는 격이었다. 이 팀장은 이 경험을 통해 질문을 업무에 적용하면 좋은 성과를 만들어 낼 수 있다는 것을 확인할 수 있었다. "질문만으로도 문제의 90퍼센트는 해결된다."는 말을 몸소 경험한 것이다.[1]

# 질문은 학습 민첩성을 키운다

생존과 발전을 위한 불변의 법칙 중 하나는 L(Learning) > C(Change)이다. 학습하는 속도가 변화의 속도보다 빨라야 한다는 뜻이다. L이 C보다 빠른 사람은 어떤 변화가 생겨도 빠르게 적응할 수 있기 때문이다. 변화가 어느 때보다 빠르게 일어나는 이 시대에 이 법칙은 더욱 의미가 있다. 앞으로 우리는 늘 무언가를 배워야 하는 '새내기'로 살아 가야 한다는 뜻이기도 하다. 이런 시대에 빠르게 학습하지 않으면 금방 뒤쳐질 수밖에 없다. 그래서 '학습 민첩성'은 성공의 필수 역량으로 꼽히고 있다.

학습 민첩성이란 새로운 관점과 스킬을 지속적으로 배워서 빠르게 적용할 수 있는 능력이다. 학습 민첩성이 높은 사람은 새로운 문제에 당면했을 때도 여러 각도에서 그 문제를 보고 상황을 잘 파악한다. 또한 필요한 스킬을 빠르게 학습해서 그것을 거뜬히 해결한다.

다음의 두 방법 중 어느 것이 학습 민첩성을 더 잘 키울 수 있을까?

하나는 '적금식' 방법이다. 가르치는 사람이나 윗사람이 일방적으로 정답을 알려주고 상대는 그 답들을 은행에 적금을 붓듯이 머릿속에 차곡차곡 쌓아놓는다. 구태여 스스로 답을 생각해 낼 필요가 없다.

다른 방법은 '질문' 방법이다. 질문을 해서 상대가 스스로 고민해서 답을 찾도록 하는 방법이다. 우리가 인터뷰한 한 의대생은 질문 학습 방법의 효과를 이렇게 표현했다.

"제일 기억에 남고 효과가 있는 수업은 수업 전에 미리 다룰 내용을 읽어온 후, 그 내용에 대해 학생들끼리 질문을 주고 받으면서 서로 응답을 하고, 교수도 질문을 하고 그 이후에 학생과 교수가 추가적인 질문을 던지고 응답하는 수업입니다."

어느 방법으로 배운 사람이 새로운 과제를 더 빨리 풀 수 있을까? 어느 학생이 졸업 후 신제품을 더 잘 만들고 사업 기회를 더 잘 잡을 수 있을까?

이 질문에 대한 답은 독자들에게 맡긴다.

그런데 우리의 현실은 어떤가?

<혁신의 설계자>로 잘 알려진 하버드 경영대학원의 린다 힐 교수는 우리의 정답을 요구하는 교육과 사회적 분위기에 일침을 가한다.

힐 교수는 국내 일간지와의 인터뷰에서 우리의 교육 방식을 보고 놀라움을 금치 못하면서 이렇게 말했다.[2]

"학생들은 학교에서 선생님이 가르쳐주는 내용을 그대로 반복하더군요. 이런 문화에선 기업에서도 윗사람에게 반론을 제기하거나 토론을 벌이는 경우가 드뭅니다. 일선 직원들은 관리자가 방향을 제시하면 그대로 따릅니다. 의견의 다양성도, 충돌도 없고, 혁신도 없습니다."

'적금식' 방법이 만연한 이런 분위기에서 학습 민첩성을 기대하기는 힘들다. 이것을 바꾸는 것이 질문이다. 질문을 던지고 또 스스로 질문을 할 기회를 많이 줄 때 학습 민첩성도 커진다.

# 시대는 창의적인 인재를
# 키워달라고 외친다

두 사람의 공부 방법을 비교해보자.

'김 암기'라는 사람은 기계적으로 암기를 한다. 주로 단기적인 기억을 위해, 즉 퀴즈나 시험에 패스하기 위해서 개념이나 정보를 벼락치기로 달달 외운다. 내용을 깊이 있게 이해하려는 노력은 별로 하지 않는다. 자신이 학습한 내용을 활용하기보다는 그냥 시험 점수를 높이는 데 집중한다. 주위 사람들에게 "가능한 한 많은 것을 외우려고 합니다."라고 말을 한다. 그리고 시험이 끝나면 공부한 내용 중 대부분이 아침 햇살을 받는 안개처럼 증발한다.

'박 이해'라는 사람은 다른 방법을 쓴다. 내용 뒤에 숨어 있는 뜻을 이해하려 하고, 배운 것을 실생활에 어떻게 적용할 것인지, 이전에 배운 것과 새롭게 배운 것을 어떻게 연결할 수 있을지 등 큰 그림을 이해하려고 한다. 또한 자신만의 독창적인 생각과 의견을 만들려고 한다. 그는 주위 사람들에게 "'열심히'는 모두의 규칙이고 '다르게'는 승자의 법칙이다." 라는 말을 자주 한다. 단순히 기존 지식을 답습하는 차원을 넘어서 이 지식에 대해 의문을 제기하고, 연결하고, 새로운 지식을 만들어 내는 질문을 품고 생활한다.

'김 암기'의 공부 방법은 깊은 생각 없이 기존에 있는 지식을 거의 그대로 반복하는 것이다. 그래서 이 방법을 '지식의 재생산'이라고 부른다. 반면에 '박 이해'의 방법은 기존의 지식에 변화를 주어 지식을 창조하는 것이다. '지식을 변형'시킨 것이다.[3]

둘 중 누가 더 경쟁력이 있겠는가?

웬만한 일들은 모두 자동화되고 인공지능이 복잡한 일까지도 척척 해내는 시대에 주어진 답을 외워서 그대로 재생하는 방법은 더 이상 의미가 없어진다. 이런 답은 인터넷에서 손가락 하나만 까딱해도 몇 초면 얻을 수 있다.

이런 시대에는 이미 만들어진 답을 찾는 능력이 아니라 전혀 생각하지 못한 답을 만들어 내는 능력이 훨씬 더 중요하다. 이런 능력은 지식을 달달 외우는 것이 아니라 깊고 폭넓게, 그리고 다르게 생각하는 습관에 의해 키워진다. 하버드 의대의 데이빗 로버츠 학장은 구글에서 검색할 수 있는 것은 가르칠 필요가 없다, 생각하는 법을 가르쳐야 한다고 말한다.[4] 이 생각 습관을 키우는 것이 바로 질문이다. 질문을 할 때 지식의 변형이 시작된다. 창의성은 지식의 변형 없이는 불가능하다.

# 질문이 춤추는
# 상황을 열망한다

　우리는 대학 교수, 학교 교사들에게 그들이 꿈꾸는 수업의 모습은 어떤 것인가를 물었다. 그들은 한결같이 "수업 중에 활발한 상호작용이 일어난다." "고개를 떨구고 있는 학생들이 한 명도 없이 모두가 수업에 적극적으로 참여한다." "강의실을 나가면서 '이 강의가 정말 감동적이었다.' '다음 시간이 기다려진다.' 고 말을 할 만한 수업이면 좋겠다."는 열망들을 들려주었다.

　기업에서 일하는 사람들에게 그들이 꿈꾸는 일터의 모습은 어떤 것인가? 라는 질문을 했다. 그들도 상하 간, 동료 간에 활발한 의견 교환이 이루어지고 궁금한 것이 있으면 서로 물어보고 상대의 의견을 경청하고, 특히 새로운 아이디어가 풍부하게 탄생되는 조직을 꿈꾸었다.

　이런 열망을 구현하는 핵심 기반은 바로 질문이다. 좋은 질문을 던질 때 모두가 꿈꾸는 이 활력 넘치는 모습들이 비로소 실현된다.

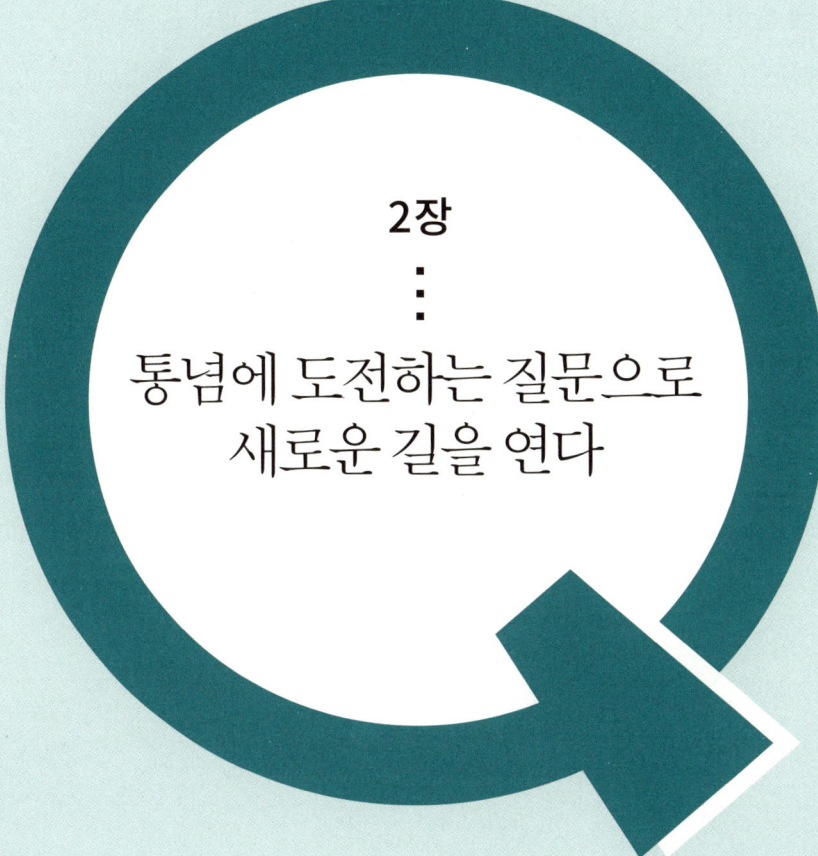

2장

통념에 도전하는 질문으로
새로운 길을 연다

그리스의 철학자이자 과학자였던 아리스토텔레스는 기원전 350년에 쓴 글에서 남자가 여자보다 더 많은 치아를 갖고 있다고 주장했다. 그는 두 번이나 결혼을 했지만 실제로 아내의 치아 수를 세어보지는 않았던 것 같다. 단지 다른 동물들, 예를 들어 수말이 암말보다 치아 수가 더 많으니 사람도 남자의 치아 개수가 여자보다 많다고 말한 것이다.[1] 더욱 재미있는 것은 그 후 거의 2천 년 동안 서구 사회에서 이 주장이 진리로 받아들여졌다는 것이다. 누구도 이 주장에 의문을 제기하지 않았다. 그러다 16세기 중반 어느 날 의사인 베살리우스가 간단한 그러나 아주 도전적인 질문을 던졌다.

"진짜 그럴까?"

이 질문 하나로 2천 년 동안 믿어온 진리가 깨졌다.
발전은 늘 질문으로 통념을 깰 때 비로소 시작된다.

# 문제 해결의 비밀병기, 질문 제로

"지난 달 내가 하버드 리더십 코스를 마치고 돌아 왔을 때 아내가 '거기에서 배운 것 중 가장 중요한 것은 무엇인가요?' 라고 물었습니다. 나의 대답은 '질문 제로'였습니다. 그 코스의 각 강의는 대개 질문 제로로 시작했습니다. '우리가 여기서 정말로 하려고 하는 것은 무엇입니까?' 라고 묻는 것입니다. 우리는 당장 다급한 일, 걸려오는 전화나 새로운 활동에 쉽게 빠져들기 때문에 우리가 진정으로 무엇을 하고자 하는지 잊어버리기 쉽습니다. 그 이후로 늘 '질문 제로'를 묻고 있습니다."

한 회사의 CEO가 '질문 제로'의 중요성에 대해 한 말이다.[2]
우리가 문제에 접할 때 흔히 범하는 실수는 문제의 본질을 알려고 하지 않고 해결방안을 찾으러 쏜살같이 달려가는 것이다. 특히 자신이 그 분야를 잘 알고 있다고 생각할수록 이런 경향은 더 두드러진다.

그러나 문제의 본질을 정확히 이해하지 못한 채 바로 해결안을 찾으면 단편적인 답밖에는 얻을 수 없다. 질문 제로는 이런 실수를 막고 문제의 본질에 접근하기 위해 사용할 수 있는 질문이다. 구체적으로, "우리는 정확히 무엇을 성취하려고 하는가?"라고 묻는 것이다. 이 질문이 문제에 대한 창의적인 답을 얻는 출발점이라는 의미에서 '질문 제로'라고 부른다. 문제해결 과정을 시작할 때 질문 제로를 던지면 그 문제를 새로운 눈으로 보는 데 도움이 된다.

### 질문 제로는 이렇게!

문제 해결 시 질문 제로는 크게 세 단계를 거쳐 만들 수 있다.

- **1단계** 해결안으로 돌입하기 전에 한 발자국 물러서서 문제를 바라본다.
- **2단계** "우리는 정확히 무엇을 성취하려고 하는가?"라는 질문을 던져 문제의 핵심에 접근한다. 이 질문에 대한 명확한 답을 찾을 때까지 질문 제로와 답을 계속한다.
- **3단계** 2단계에서 도달한 문제의 본질에 대해 다른 이해관계자들의 피드백을 받는다.

부장 5명으로 구성된 팀이 사장이 부여한 과제를 해결하기 위해 만났다. 과제는 '보상제도 개선 방안'이었다. 사장은 과제를 주면서 "부장들의 생각을 담아서 만들어 오기 바란다."라고 했다. 팀은 틈틈이 시간을 내어 3개월 내에 이 과제에 대한 보고서를 만들어서 사장에게 제출해야 한다. 마음이 급해서인지 팀은 미팅이 시작되자마자 바로 보상 제도를 어떻게 설계할 것인가에 대해 토론을 했다. 주로 물질적 보상을 중심으로 한 답이 이미 그들의 머릿속에 들어 있는 듯했다.

그 팀의 프로젝트 코치였던 나는 잠시 토의를 멈추게 하고 질문 제로를 던졌다. "(보상제도 개선을 통해서) 우리는 정확히 무엇을 성취하려고 합니까?"라고 묻자 팀의 이런 움직임에 바로 제동이 걸렸다. 과제의 본질이 과연 물질적 보상 제도를 개선하는 것일까? 하는 의문이 제기되었다.

팀은 곧 새로운 관점에서 토의를 시작했다. 과제의 목표가 '직원들의 업무 몰입도를 높여서 일할 맛 나고 성과도 높이는 제도를 만드는 것'이라고 말했다. 이후 거듭된 질문 제로에 답을 한 결과 과제의 핵심이 단지 보상 제도를 바꾸는 것이 아니라 직원들의 업무 몰입도를 올리는 것이라는 결론에 도달했다.

결국, 이 질문 과정을 통해 "어떻게 직원들의 업무 몰입도를 높일 것인가?"로 과제를 새로 정의했다.

질문 제로는 이 팀의 과제수행에 많은 변화를 가져왔다. 단지 보상 제도를 바꿔서 업무 몰입도를 높이는 데 한정하지 않고 업무 몰입도를 올리는 다른 방법들도 폭넓게 논의하였다. 예를 들면, 비재무적인 보상에도 많은 관심을 갖게 되었다. 만일 이 팀이 초기에 '보상제도 개선 방안'에만 초점을 맞추었다면 급여 체계나 복리후생 제도의 개선 같은 외적인 보상 측면의 개선 방안들만 나왔을 것이다. 그러나 출발 시점에서 기본적인 질문 제로를 던지고 답을 함으로써 과제의 핵심을 짚을 수 있었다. 이 과정을 통해 팀은 관점을 넓혀 새로운 방법을 모색할 수 있었다.

이것이 질문 제로의 힘이다. 강의나 과제 코칭을 할 때 질문 제로가 사람들이 처음에 가졌던 가정들을 얼마나 바꾸게 되는가를 수도 없이 본다.

이 질문은 때로 바보 같은 질문으로 들릴 수도 있다. 어떤 일을 하려고 모였는데 그 일에서 무엇을 달성하고자 하는지, 왜 그 일을 하고자 하는지를 모를 수가 있을까. 하지만 많은 사람들이 이런 기본적인 사항을 묻지 않고 일에 뛰어 든다.

철학자 니체는 "인간의 어리석음의 가장 일반적인 형태는 우리가 무엇을 하려 했는지 잊어버리는 것"이라고 했다. 이 어리석음이 일어나지 않도록 방지하는 방법이 바로 질문 제로를 던져서 본질을 생각하는 것이다. 바쁠수록 이 질문은 더 큰 힘을 발휘한다.

"잠깐만요! 우리가 여기서 정말로 하려고 하는 것은 무엇입니까?"

# 세상을 바라보는 틀, 질문으로 바꾼다

어떤 상황이나 사물을 바라보는 방식을 '프레임(틀)'이라고 한다. 같은 것을 두고도 사람마다 다른 틀로 볼 수 있다. 물이 반쯤 차있는 컵을 보고 한 사람은 '물이 반밖에 없네.' 라는 틀에서 보는 반면 다른 사람은 '아직 반이나 있네.' 라는 틀로 보는 식이다.

문제를 해결할 때도 어떤 틀로 그 문제를 보느냐에 따라 답을 찾아가는 방향이 달라진다. 기존의 틀에 묶이지 않고 틀을 바꾸어서 보면 훨씬 좋은 해결안을 얻을 수 있다. 이렇게 문제나 상황을 새로운 틀로 보는 것을 리프레이밍(reframing)이라고 한다. 리프레이밍은 혁신적인 아이디어를 얻는 주요 방법으로 크게 주목을 받고 있다.

리프레이밍에는 '맥락 리프레이밍'과 '의미 리프레이밍'이 있다. '맥락 리프레이밍'은 상황을 다른 관점에서 보는 것이다. 한 예로, 버려지는 중고차 오일에 대해 "자동차 폐오일을 어떻게 버릴까?" 대신 "자동차 폐

오일의 다른 용도는 무엇일까?"라는 새로운 시각에서 봄으로써 폐오일을 아스팔트 및 기타 유성 건축 자재에 사용할 수 있게 되었다. 의미 리프레이밍은 단순히 의미를 바꾸는 것이다. 예를 들어, '업무상의 실패'라는 부정적 의미 대신 '학습의 기회'라고 긍정적 의미를 부여하는 것이다.

리프레이밍을 추적해가면 리프레이밍이 질문에서 시작되었다는 것을 알 수 있다. 문제 해결에 실패하는 이유는 대개 잘못된 틀에서 그 문제를 봤기 때문이다. 질문을 잘 하면 문제를 해결하는 데 적합한 틀을 찾을 수 있다. 문제를 새로운 틀에서 볼 수 있게 하는 질문이 필요하다. 질문을 조금만 바꾸어도 해결 방향이 크게 달라질 수 있다.

가령 "선영이의 생일 파티를 어떻게 할 것인가?"라는 질문은 파티를 전제로 하고 있다. 당연히 파티 방법에 관한 답만 나오게 된다. 그러나 질문을 바꾸어서 "선영이의 생일을 어떻게 기억에 남게 할 수 있을까?" 또는 "선영이의 생일을 어떻게 특별하게 만들 수 있을까?"라고 묻는다면 파티 이외에 다른 방법들도 생각하게 된다.


### 맥락 리프레이밍 질문

한 빌딩에서 많은 입주자들이 엘리베이터가 느리다고 불만을 제기했다. 관리소장은 이 문제를 어떻게 해결해야 할지 엘리베이터 회사와 상의를 했다. 더 빠른 엘리베이터로 바꾸자, 모터를 더 센 것으로 교체

하자 등 엘리베이터의 속도를 높이기 위한 아이디어들이 나왔다. 이들은 "어떻게 엘리베이터의 속도를 높일 것인가?"라는 관점에서 답을 찾느라 머리를 짜내고 있었다.

그런데 관리소의 한 직원은 엘리베이터 회사 담당자와는 다른 관점에서 질문을 했다. "정말 느린 것만이 문제일까요?" 그래서 직접 엘리베이터를 이용하는 사람들을 관찰하고 의견을 물어보자 문제는 속도가 아니라 엘리베이터 안에 있을 때 느끼는 지루함이라는 것을 발견했다. 그 결과 "어떻게 엘리베이터 안에서의 지루함을 없앨 것인가?"로 문제가 리프레이밍되었다. 이 관점에서 문제를 보자 전혀 생각하지 못했던 해결방법이 나왔다. 지루함을 없애기 위해 엘리베이터 안에 거울을 달고, 음악을 틀어주고, 손 세정제를 비치하자 입주자들의 불만은 말끔히 해소되었다. 엘리베이터 안에서 거울을 보느라 심지어 속도가 빠르다는 느낌마저 들 때도 있었다.[3]

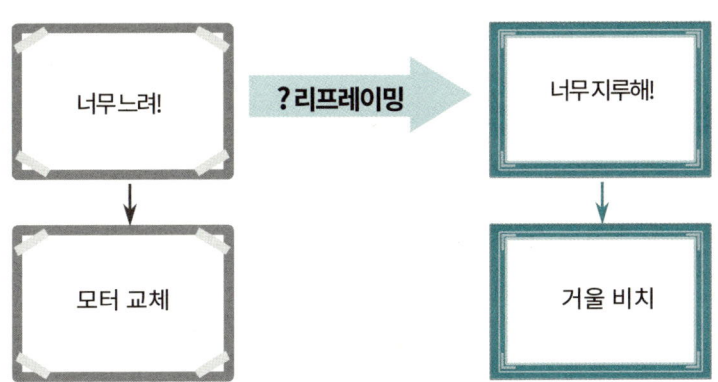

창의적인 해결방법은 문제를 새로운 관점이나 맥락에서 볼 때 나온다. 위의 예는 이것을 단적으로 보여주고 있다. 문제를 한 가지 관점과 맥락을 통해서만 보고 파고들면 이런 창의적인 해결방법을 찾기가 쉽지 않다. 문제는 대개 다양한 원인들로 인해 생기기 때문에 여러 관점과 맥락에서 봐야 좋은 해결방법을 찾을 수 있다. 맥락 리프레이밍을 위해 다음 질문들을 사용할 수 있다.

**관점** 다른 사람들은 어떻게 보나요? 가령, 아이들과 어른은 그 상황을 어떻게 볼까요? 고객은 그것을 어떻게 볼까요?

**맥락** 이것이 다른 곳에서는 어떻게 활용될 수 있나요?

### 의미 리프레이밍 질문

상황 자체는 그대로지만 이 상황에서 새로운 의미를 찾도록 하는 질문이다. 대표적인 방법은 이미 부정적인 의미를 부여한 상황에서 긍정적인 의미를 찾을 수 있도록 질문을 하는 것이다.
모처럼 건강검진을 받았는데 혈압이 높게 나왔다. 이 결과를 보고 "이제 나는 마음 놓고 고기도 못 먹고 술도 못 마실 텐데 무슨 재미로 살지?"라고 낙담을 한 친구가 있었다. 그러나 이 친구는 이 상황에 대해 곰곰이 생각을 해본 후 "건강검진을 하는 것이 어떤 의미가 있는 것일까?"라는 질문을 하게 되었다. 그러자 "건강검진에서 나처럼 혈압이 높게 나오는 사람이 한두 명이겠어? 이건 앞으로 건강을 위해 신경을 쓰라는 신호야. 식습관을 바꾸고 운동을 하자."라고 새로운 의미를 부여했다.

스티브 잡스가 애플 초기에 펩시콜라에서 성공적인 커리어를 밟고 있던 존 스컬리를 영입하려고 했다. 망설이던 스컬리에게 잡스는 다음과 같은 질문을 했다. "남은 일생 동안 설탕물이나 팔면서 살 겁니까? 아니면 나와 함께 세상을 바꾸시겠습니까?" 이 말을 들은 존 스컬리는 망설임 없이 애플로 옮겼다고 한다. 만일 스티브 잡스가 스컬리에게 "연봉을 얼마나 주면 올 겁니까?"와 같은 질문만을 했다면 결과는 달랐을지도 모른다. 스티브 잡스의 질문 덕분에 스컬리는 애플로 이직하는 것에서 새로운 의미를 찾게 된 것이다.

어떤 상황에 대해 새로운 의미를 부여하는 질문을 할 때 다음 질문을 참고할 수 있다.

**배우기**   우리는 이것을 통해 무엇을 배울 수 있습니까?
**의미**   그 밖에 어떤 의미가 있습니까?
**실버 라이닝** (Silver Lining: 구름의 가장자리 빛나는 테두리로 어둠 속의 한줄기 희망을 뜻함) 이 '문제'에는 어떤 기회가 있습니까?
**해결책**   이 '문제'를 해결한다면 우리에게 무엇이 좋아집니까?

# 도발적 질문,
# 잠자는 머리를 깨운다

강의나 발표 시 어떻게 하면 처음부터 참가자들의 주의를 확 끌어당길 수 있을까?

이 고민에 대한 효과적인 해결방법이 바로 '도발적 질문'이다.

도발적 질문이란 내가 지금까지 맞다고 생각해 왔던 것에 정면으로 도전을 가하는 질문이다. 이 질문에 답을 하는 과정에서 '내 생각이 틀릴 수도 있네!'라는 깨달음을 얻게 된다.

도발적 질문이 효과가 있는 이유는 이 질문이 '기대 실패' 상황을 만들기 때문이다. 질문을 받고 답을 했는데 상대가 내가 내놓은 답의 허점을 지적한다. 그리고 다른 사람들의 응답을 들어보니 내가 맞을 거라고 기대했던 것들이 실제로는 그렇지 않을 수도 있다는 것을 알게 된다. 이런 상황에 처하면 사람들은 그 일이 앞으로 어떻게 전개될까 하는 궁금증을 갖게 된다. 또한 새로운 관점들도 고려하여 생각의 차원을 더 넓힐 수 있게 된다.

'정의란 무엇인가?'로 정의 열풍을 몰고 온 하버드 대학의 마이클 샌델 교수는 이 질문 방법을 아주 잘 활용한다. 그는 "효과적으로 가르치는 방법이란 무엇보다 학생들의 주의를 모으고 그것을 그대로 유지하는 것이다."라고 말한다. 이를 위해 그가 사용하는 방법이 도발적 질문이다. 수많은 학생들이 강의를 들으러 몰려드는데도 그는 학생들이 생각지도 못한 도발적인 질문으로 강의를 시작한다. 다음은 그가 던진 도발적 질문의 예이다.

"당신은 시속 100킬로미터의 빠른 속도로 달리는 전차의 기관사이다. 저 앞에 작업자 다섯 명이 전차가 다가오는 것도 모른 채 일을 하고 있는 모습이 눈에 띄었다. 전차를 멈추려고 해보지만 브레이크가 작동하지 않아 세울 수가 없다. 작업자 5명의 목숨은 경각에 달려 있다. 이때 당신은 옆으로 갈라져 나간 측선 철로가 있음을 발견한다. 마음만 먹으면 기차를 그 측선 선로로 돌릴 수 있다. 그런데 그 측선 선로에서 한 명의 작업자가 일을 하고 있다. 그리로 전차를 돌리면 그 남자는 목숨을 잃는다. 전차를 측선 선로로 돌려 5명을 구하고 1명을 죽이겠는가? 어떤 선택이 가장 정의로운 것이라고 생각하는가?"

이 질문에 많은 학생들은 5명을 구하겠다고 답을 한다. 이때 샌델 교수는 이야기를 살짝 비틀어 다음 질문을 한다.

"당신은 육교 위에서 전차가 5명의 작업자를 향해 돌진하고 있는 모습을 보고 있다. 당신 옆에서 몸집이 육중한 행인이 난간에 기대어 서서 같이 이 모습을 보고 있다. 그 행인을 밀어서 선로 위에 떨어뜨리면 그 기차는 그 행인과 부딪혀서 멈춰 서게 되고 작업자 5명은 목숨을 구할 수 있게 된다. 물론 그 행인은 목숨을 잃는다. 당신이 그 행인을 미는 것이 정당한 선택일까?"

두 번째 상황에서는 많은 사람들이 행인을 밀지 않겠다고 답을 한다. 이 답을 들으면서 첫째 상황에서 "5명을 구하기 위해 선로를 바꿔 1명을 희생시키겠다."고 생각한 학생들은 어떤 마음이 들까?

이제 학생들은 자신이 기존에 갖고 있던 '정의'에 대한 가정이 과연 맞을까 하는 고민을 시작한다. 센델 교수의 도발적 질문이 '정의'라는 쟁점에 대한 고민을 촉발했기 때문이다.[4] 이 주제에 대한 학생들의 호기심도 더욱 고조된다.

## 딜레마 상황을 만들어라

도발적 질문을 구성할 때 핵심은 주제와 관련해서 딜레마 상황을 만드는 것이다. 이러지도 저러지도 못하는, 그래서 다양한 관점에서 다양한 의견들이 나올 수 있는 상황을 제시하는 것이다.

나는 핵심 가치에 대해 강의할 때 처음에 "만일 당신이 회사의 부서장이라면 다음 두 직원 중 누구를 내보내야 하는가?"라는 질문을 한다. A는 탁월한 성과를 내지만 지각을 자주 하고 팀웍을 이루지 못하는 등 행동이 바르지 못하다. B는 성과는 보통이지만 행동이 올바르다. 이 질문에 어떤 참가자는 성과가 우선이니까 당연히 성과를 잘 내는 A를 남기고 B를 내보내야 한다, 다른 참가자는 그렇게 되면 조직의 풍토가 엉망이 되므로 성과보다는 행동이 바른 B를 남겨야 된다고 주장한다. 이렇게 질문에 대한 대답을 놓고 서로 그 이유에 대해 격론을 벌인다. 토론을 하면서 자신이 당초 기대했던 것과 다소 다른 답변들을 들으면서 자신의 믿음에 어떤 단점이 있는지를 깨닫게 된다. 그 결과 다른 사람들의 관점도 새로운 눈으로 보게 된다.

# 생각에 대한 생각,
# 메타인지 질문을 품는다

**친구 1**  친구, 그동안 잘 지냈어? 나는 아내와 미국에 두어 달 다녀왔어.
**친구 2**  그래? 부럽네. 참 좋았겠어!
**친구 1**  여행 간 게 아니라 미국 병원에서 임상 실험 참가자를 모집한다고 해서 아내가 테스트를 받기 위해 간 거였어.
**친구 2**  아, 미안…

이 대화에서 친구 2는 상대의 정보를 제대로 파악하지 않고 어림짐작으로 판단을 내리는 오류를 범했다. 노벨상 수상자인 행동경제학자 대니얼 카너먼 교수는 "사람들은 복잡한 과제를 매우 단순한 판단 과정 또는 어림짐작으로 판단한다. 이 어림짐작 방법은 복잡하고 아주 바쁜 생활을 하는 우리들에게 매우 쓸모가 있지만 때로는 심각한 오류를 체계적으로 일으킨다."라고 말한다.[5]

인지 오류의 예는 매우 다양하다. 예를 들어, 자신의 견해를 뒷받침해주는 정보만을 받아들이고 반대되는 정보는 무시하는 '확증 편향', 객관적인 기준들이 다른 길로 가는 것이 더 좋다는 것을 보여도 이를 취소하지 못하고 가던 길을 계속 가는 '몰입 상승' 등 많은 오류들이 있다.

카너먼 교수의 말처럼 인지 오류는 때로 치명적인 결과를 가져온다. 가령 '몰입 상승' 오류에 빠져 있으면 누가 봐도 일이 실패로 가는데 조금만 더 자원을 투입하면 성공할 수 있다고 생각한다. 그래서 망해가는 사업에 계속 돈을 쏟아 붓는다.

문제는 인지 오류가 대개 의식적 사고 아래서 일어나기 때문에 자신이 인지 오류를 범하고 있다는 것 자체를 모르는 것이다. 올바른 판단을 하려면 자신이 지금 하고 있는 판단이 진짜로 옳은지, 지금 생각이 맞는지를 들여다봐야 한다. 생각에 대한 생각인 메타인지 능력을 키워야 한다는 의미이다. 이를 위해 사용할 수 있는 질문이 메타인지 질문이다.

### 메타인지 질문은 어떤 모습일까?

산길을 가는데 노루처럼 생기고 노루처럼 달리는 것이 휙 앞을 지나갔다. 이것은 어떤 동물일까?

즉시 노루라는 답이 떠오른다. 그러나 "진짜 노루가 맞을까?" 라는 의문을 갖고 생각해 보면 노루가 아닌 사슴이나 고라니인 경우도 있다. 이렇게 생각하는 것을 '메타인지'라고 한다. '메타인지'란 생각하는 과정을 한걸음 물러나 들여다보면서 이 과정이 진짜 맞는지, 오류는 없는지를 살펴보는 것을 말한다.

이런 '메타인지' 능력은 질문을 통해 개발할 수 있다. "또 어떤 가능성이 있는가?" "여기서 우리가 무엇을 놓치고 있는가?" "뭔가 맞아떨어지지 않는 부분은 없는가?"와 같은 간단한 질문으로 자신이 갖고 있는 생각에 대해 생각을 하게 만들 수 있다. 이런 질문은 성급하게 결론을 내리거나, 자신의 가정에 꿰맞추거나, 쉽게 떠오르는 경험에 의지해서 판단을 하는 등 생각을 하면서 범하는 오류에 제동을 걸기 때문이다.[6]

어떤 질문이 메타인지 능력을 키울 수 있을까?

메타인지가 어떻게 구성되어 있는가를 알면 메타인지 질문을 더 효과적으로 할 수 있다. 로버트 마르자노 박사는 4천 개의 학습사례 연구를 통해 메타인지를 작동하는 것이 가장 효과적인 학습방법임을 발견했다. 그에 따르면 메타인지는 세 요소로 구성되어 있다. 첫째는 자신이 어떻게 사고하고 행동하는지를 인식하는 것이고, 둘째는 학습을 하기 전에 어떤 방법으로 어떻게 학습할 것인지 계획을 짜는 것이다. 셋째는 이 방법과 계획에 따라 학습하면서 이것이 효과적인지를 지속적으로 모니터링 하는 것이다. 만일 현재의 방법과 계획이 맞지 않으면 개선을 한다.[7] 이 세 요소에 따라 다음과 같은 메타인지 향상 질문을 할 수 있다.[8]

### 메타인지 향상 질문 1. 인식 질문
- (나는) 이 일에 어떻게 접근하고 있는가?
- 이 프로젝트와 관련하여 어떤 활동을 하고 있는가?
- 읽고 있는 내용을 이해하지 못할 때 어떻게 하는가?
- 문제가 생기면 무엇을 하는가?
- 읽고 있는 동안 무슨 생각을 하는가?

### 메타인지 향상 질문 2. 계획 질문
- 이것은 어떤 일인가?
- 목표는 무엇인가?
- 어떤 정보가 필요한가?
- 이 일을 하는 동안 어떤 문제가 생길 수 있는가? 그 문제를 어떻게 처리할 것인가?
- 어떤 방법들을 사용할 수 있는가?
- 어떤 자원을 가지고 있는가?
- 이 일을 하는 데 시간이 얼마나 걸릴 것인가?
- 이 일을 작은 단위로 나눈다면 어떤 세부 작업들이 있는가?

- 누구와 조정을 해야 하는가? 어떤 작업과 조정이 필요한가?
- 누가 도움을 줄 수 있는가?
- 이 일에서 무엇을 배우고자 하는가?

### 메타인지 향상 질문 3. 모니터링 질문

- (내가) 지금 하고 있는 것이 제대로 되고 있는가?
- 이 일에 대해 이해하지 못하는 부분은 무엇인가?
- 이 일을 어떻게 다르게 할 수 있을까?
- 처음부터 다시 시작해야 하나?
- 더 효과적으로 하기 위해 지금 사용하는 방식을 조금 바꿀 수 있는가?
- 이 일에서 통제할 수 있는 부분은 무엇인가?
- 예상치 못했던 어려움이 생기면 어떻게 대처할 것인가?
- 무엇을 배우고 있는가?
- 어떻게 하면 더 많이, 더 잘 배울 수 있는가?
- 이 방식이 최선인가?

공부를 잘 하거나 성과를 잘 내는 사람들의 공통점은 바로 메타인지 능력이 뛰어나다는 것이다. 이들은 늘 메타인지 질문을 통해서 자신의 생각이 오류에 빠지지 않도록 노력한다. 아울러 다른 사람에게 메타인지 질문을 함으로써 이들이 편견에서 벗어날 수 있도록 돕는다.

# 올바른 생각의 길잡이,
# 비판적 사고 질문

디즈니가 프랑스 파리에 테마파크를 오픈하면서 겪은 일이다.

디즈니는 캘리포니아에 처음으로 테마파크를 오픈한 이후 플로리다와 도쿄에서 커다란 성공을 거두었다. 이 성공을 기반으로 디즈니는 파리에도 테마파크를 만들기로 했다. 이미 성공한 경험을 토대로 하기 때문에 모든 것이 순조롭게 진행되고 많은 수익을 낼 것으로 예상되었다.
그런데 오픈 과정에서 프랑스 정부와의 협상 난항 등 전혀 예상하지 못했던 어려움을 겪었다. 우여곡절 끝에 1992년 오픈을 했지만 그 후에 벌어진 상황들은 더 충격적이었다. 예를 들어, 미국과 일본 디즈니에서와 같이 금요일에 사람들이 몰리고 월요일에는 한가할 것이라는 가정 하에 직원을 배치했지만 실제는 정반대였다. 가장 큰 문제는 유럽 사람들이 대부분 테마파크에서 하루나 이틀 정도밖에 머물지 않는다는 것이었다. 당초에는 삼사일 정도 머물 거라는 가정 하에 수조 원을 들여 고급 호텔들을 지었다. 그러나 예상과 달리 유럽인들은 테마파크를 하루 정도의 나들이 장소로 여기는 듯 오래 머물지 않았고, 호텔 방들은 반쯤 빈 상태였다. 결국 1994년 말 2조 원의 손실을 냈다.[9]

디즈니 파리가 초기에 '파리를 날린' 이유는 이전의 성공 경험을 토대로 갖게 된 믿음에 한 치의 의심도 품지 않았기 때문이다. 디즈니가 프랑스에서도 이 믿음들이 진짜로 맞을까 하는 의문을 갖고 검증을 해봤다면 이런 실패는 방지할 수 있었을 것이다. 판단이나 결정을 할 때 생각을 검증해 보는 것이 얼마나 중요한지를 알 수 있다.

우리가 얼마나 좋은 결과를 얻느냐는 얼마나 생각을 잘 했느냐에 달려 있다. 생각을 잘 한다는 것은 자신에게 익숙한 틀에서 벗어나 편견의 영향을 받지 않고 다양한 관점을 고려하여 논리적으로 결론을 내린다는 의미다. 생각을 더 잘 하기 위해 사용할 수 있는 방법 중 하나가 '비판적 사고'다.

### 비판적 사고로 생각을 뜯어봐라

비판적 사고란 생각을 분석하고 평가하는 기술을 뜻한다.[10] 쉽게 말해서 지금 하고 있는 생각이 과연 맞는지 비판적으로 분석하고 검증

해보는 것이다. 비판적 사고라고 하면 먼저 부정적인 면이 떠오른다는 사람이 많은데 이는 비판적 사고의 본질이 아니다. 다른 사람의 틀린 부분을 찾아내어 비난하거나 자기 생각의 부정적인 측면만을 찾고자 하는 것이 아니다.

비판적 사고를 통해 자신이 생각하는 과정을 분석해보고 그 과정을 개선하면 생각의 질을 훨씬 높일 수 있다. 세계적인 천문학자인 칼 에드워드 세이건은 "당신 안에 비판적인 사고능력이 없으면 쓸모없는 생각과 가치 있는 생각을 구분하지 못한다."라는 말로 비판적 사고를 강조했다.

여기저기서 끊임없이 그 중요성이 제기되는 비판적 사고, 실제로 어떻게 하는 것인가?

### 비판적 사고를 키우는 8가지 핵심 질문

비판적 사고를 하기 위해서는 먼저 우리의 생각이 어떤 부분들로 이루어져 있는지를 알아야 한다.

생각이란 녀석은 항상 목적이 있다. 생각을 한다는 것은 이미 어떤 목적이 있다는 것이다. 어떻게 건강한 식단을 꾸릴 것인가에서부터 어떻게 수익성이 높은 비즈니스 모델로 바꿀 것인가 하는 것까지 목적도 다양하다. 이 목적을 달성하는 데 어떤 이슈가 중요한지 파악도 해보고, 이를 해결하기 위해 어떤 자료나 정보를 수집할까 고민해본다. 또한 관련된 개념과 이론들도 살펴보고, 이런 것들을 토대로 추론을 하고 결론을 내린다. 그런데 이 추론 과정은 우리가 가진 가정들과 관점에 영향을 받는다. 어떤 가정이나 관점을 지니고 있는지가 결론에 영향을 미치기 마련이다. '생각한다' 라는 말은 간단하지만 이렇게 많은 요소들이 얽히고설켜 있다.

비판적 사고를 한다는 것은 생각을 구성하는 이 8개의 요소들을 하나씩 되짚어 보고 미흡한 부분이 있으면 개선을 하는 것이다.

구체적으로 다음과 같이 생각을 분석해 볼 수 있다.[11]

**1. 목적** 생각을 잘 하려면 이 일을 다루는 '근본적인 목적은 무엇인가?' 를 물어야 한다. 목적을 분명히 해야 이 목적에 맞추어 이후의 활동들을 진행할 수 있다. 목적을 명확히 하기 위해 다음과 같은 질문들을 던질 수 있다.

- 이 일 또는 과제를 왜 하는가?
- 이것을 통해 구체적으로 무엇을 달성하고자 하는가?

**2. 이슈** 생각을 잘 하는 사람은 그 일 또는 문제와 관련하여 '핵심적인 이슈가 무엇인가?' 를 파악해서 이에 대한 답을 찾는다. 이를 위해 다음 질문들을 던질 수 있다.

- 이 일과 관련하여 중요한 이슈는 무엇인가?
- 이슈가 명확히 정의되었는가?

**3. 정보**  생각은 정보를 토대로 이루어진다. '그 이슈에 대한 답을 찾기 위해 어떤 정보가 필요한가?' 라는 질문을 하고 관련된 정보를 수집해야 한다. 결과물의 질은 어떤 정보를 토대로 추론을 했느냐에 좌우된다. 정보와 관련하여 다음 질문들을 한다.

- 정보를 충분히 수집했는가?
- 이 정보, 자료, 증거 등이 정확한지 어떻게 알 수 있는가?

**4. 추론**  생각을 할 때는 추론을 통하여 '이 이슈에 대한 최선의 결론 또는 해결안은 무엇인가?' 에 대한 답을 찾는다. 추론 과정이 논리적으로 이루어지지 않으면 좋은 결론이 나올 수가 없다. 다음 질문들을 던져 추론이 제대로 되었는지를 확인할 수 있다.

- 어떤 근거에서 그런 결론 또는 해결안을 내게 되었는가?
- 결론 또는 해결안 중 의문을 제기할 만한 것이 있는가?

**5. 개념**  생각은 개념, 이론 또는 모델 등으로 표현된다. 이슈에 대한 답을 찾을 때도 '필요한 개념 또는 이론은 무엇인가?' 를 묻고 관련된

주요 개념, 이론, 모델이나 원리들을 파악하면 보다 나은 결론에 도달할 수 있다.

- 이 이슈와 관련해서 꼭 알아야 하는 개념 또는 이론은 무엇인가?
- 새로이 나타난 이론들에서 어떤 통찰을 얻을 수 있는가?

**6. 가정**  생각은 가정을 토대로 이루어진다. 어떤 가정을 갖고 생각하느냐에 따라 결과는 크게 달라진다. 따라서 '이 이슈와 관련하여 어떤 가정을 갖고 있는가?' 를 파악하고 이 가정들이 올바른 것인지 확인해야 한다. 가정을 확인하기 위해 다음 질문들을 던질 수 있다.

- 우리가 따져보지도 않고 당연시한 것은 무엇인가?
- 왜 이런 가정을 갖게 되었는가?

**7. 시사점**  생각에는 함축된 시사점들이 있다. 어떤 결론이나 해결안을 선정했다면 이를 실행하면서 '어떤 결과가 생길 것인가?' 를 다각도로 분석해 봐야 한다. 각각의 대안이 가져 올 이익과 불이익을 고려하여 대안들을 평가하는 것이 좋다.

- 이 해결안은 어떤 영향을 미칠 것인가?
- 이 결정은 어느 정도의 파급력을 갖고 있는가?

**8. 관점** 우리는 생각을 할 때 어떤 관점 안에서 생각을 한다. 예를 들어, 상품을 개발할 때 회사의 관점이 있고 고객의 관점이 있다. 어떤 문제를 긍정적으로 볼 수도 있고 부정적으로 볼 수도 있다. 자신이 이 이슈를 '어떤 관점에서 보고 있는지?' 그리고 '다른 사람들은 어떤 관점을 갖고 있는가?'를 확인해야 한다. 자신의 관점에서만 이슈를 보면 편협한 결정을 내리기 쉽기 때문이다.

- 나의 관점이 놓치고 있는 것은 무엇인가?
- 다른 관점에서 보면 무엇이 달라지는가?

어떤 일이나 이슈를 해결하는 과정에서 생각의 8가지 요소별로 질문을 던진다면 훨씬 더 나은 답을 찾을 수 있다. 또한 생각의 힘을 키우기 위해 글을 분석할 때도 생각의 8가지 요소를 분석의 틀로 사용할 수 있다. 물론 질문은 자신의 상황에 따라 바꿀 수 있다.

### 비판적 사고 질문의 적용 모습

다음은 한 회사에서 부장들로 구성된 팀이 과제를 수행하면서 비판적 사고의 8 요소를 토대로 만든 질문들이다. 각 요소에 대해 많은 질문들이 나왔는데 예시는 각 요소의 대표적인 질문이다. 팀은 이 요소들로 자신의 과제를 분석해 보면서 과제에 대해 처음에 가졌던 생각을 많이 바꾸게 되었다.

## 비판적 사고 질문 예시

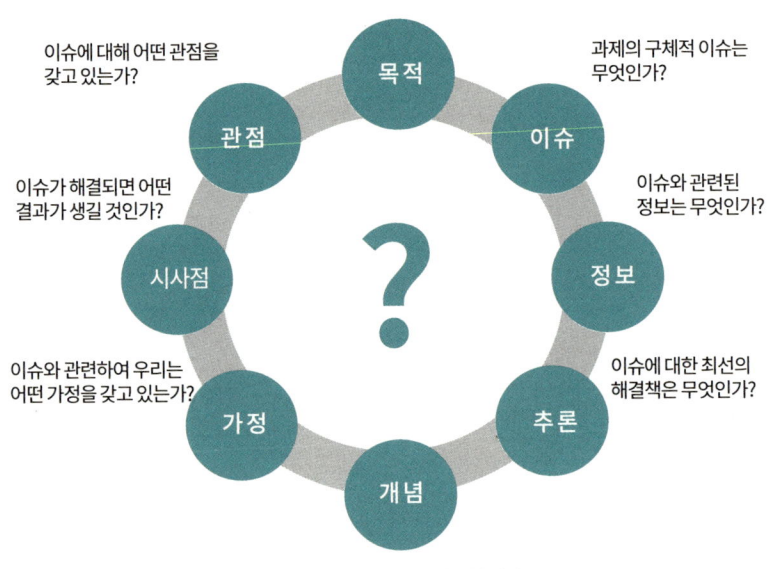

생각의 8요소를 중심으로 생각하는 습관을 키우면 생각의 오류가 줄어 들고 생각의 힘은 쑥쑥 커진다. 특히 어린 시절부터 이렇게 생각하는 습관을 들인다면 그 아이가 어른이 되었을 때 얼마나 탁월한 능력을 갖추게 될지 상상해보라!

# So what? 으로
# 인사이트를 발견한다

한 남자가 짚으로 덮인 수레를 끌고 국경을 지나려고 했다. 국경수비대는 짚단 속에 밀수품이 감추어져 있지 않을까 하는 의심이 들어 살살이 뒤졌지만 아무것도 찾을 수 없었다. 다음날 그 남자는 수레에 심한 냄새가 나는 거름을 가득 싣고 나타났다. 국경수비대는 또 다시 삽으로 거름을 일일이 파헤쳤지만 역시 아무것도 발견하지 못했다. 그 후로도 그 남자는 매일 나무, 자갈, 짚 등으로 짐을 바꾸어 가며 수레에 싣고 와 국경수비대와 실랑이를 벌였다. 국경수비대의 장교는 "분명 밀수를 하고 있을 거야. 반드시 꼬리를 붙잡고 말겠어." 라고 말하며 뒤졌지만 매번 허탕을 치고 국경을 통과시킬 수밖에 없었다.

이런 일이 일 년 넘게 반복된 후 어느 날부터 그 남자는 더 이상 나타나지 않았다. 한참 세월이 흐른 후 국경수비대 장교가 한 술집에서 우연히 그를 만났다. 장교는 그에게 "나는 몇 년 전에 그 일을 그만두었네. 내가 자네를 처벌할 수도 없으니 이제 말해줄 수 있겠지. 분명히 무언가 밀수를 하고 있었지? 도대체 무엇이었나?"

그 남자는 무엇을 밀수했을까?
바로 '수레'였다.[12]

많은 대화는 이렇게 사실이나 현상을 이야기하고 끝이 난다. 그런데 이 이야기를 듣고 누군가가 "그래서 이 이야기에서 어떤 의미를 끌어낼 수 있지?" "그래서 우리는 어떻게 해야 하지?"라는 질문을 하면 사람들은 갑자기 고민을 하기 시작한다. 이야기를 한 번 더 떠올려 음미하면서 거기에서 의미를 찾아내고 그 의미를 자신에게 어떻게 적용해야 할지 등을 생각하느라 머릿속이 바빠진다. 그 결과 "고정관념에서 벗어나야 창의적인 아이디어가 가능하다." "고정관념을 탈피할 수 있는 방법들을 고안해야 한다."와 같은 답을 끌어내게 된다.

이렇게 더 깊게 생각하도록 자극하기 위해 '그래서 뭐지? (So what?)'라는 질문이 매우 유용하다. 데이터나 사실을 보고 이 질문을 몇 번 하면 생각은 몇 단계 더 깊이 들어간다. 'So what?'은 어떤 일의 피상적인 면만을 보는 것이 아니라 깊은 인사이트를 얻어서 올바른 결론을 내리게끔 하는 질문이다.

그런데 일을 할 때 'So what?' 질문을 잊는 경우가 많다. 보고서를 보면 사실을 알려주는 자료들은 많이 포함했는데 그 사실들이 주제와 관련하여 어떤 시사점이 있는지를 명확히 언급하지 않는 경우가 많다. 데이터와 해결안 사이에 연결이 잘 되지 않아 보고서를 읽는 사람을 혼란스럽게 만든다. "그래서 뭐지?" "이 자료가 해결안과 어떤 관련이 있는 거지?"라는 질문들이 저절로 나온다. 팩트 자료에 대해 'So what?' 질문을 통해 탄탄한 결론을 끌어내지 않은 채 바로 해결안을 제시하기 때문이다. 'So what?' 질문으로 이런 삽질을 막을 수 있다.

일을 잘 하는 사람들에게 'So what?'은 빼놓을 수 없는 질문이다. 그들은 "그래서 이 자료는 무엇을 의미하지?" "그래서 여기서 무엇을 발견하게 되었지?" "그래서 무엇을 해야 하지?"와 같은 질문들을 수없이 던지면서 새로운 인사이트를 얻는다.[13]

'So what?' 질문은 다음과 같이 3단계로 진행할 수 있다.

### 인사이트를 얻는 'So what?' 질문의 3단계

인사팀의 박 대리가 정 팀장에게 보고를 하고 있다.

**박 대리** 직원들의 이직률이 높아지고 있습니다.
**정 팀장** 그래서 결론은 뭔가요?
**박 대리** 음… 입사 5년차 여성 직원들의 이직률이 40퍼센트나 됩니다.
**정 팀장** 그래서 어떻게 해야 하는데요?
**박 대리** 그게…

박 대리가 정 팀장의 질문에 제대로 대답을 하지 못한 것은 보고서를 만들면서 스스로 'So what?' 질문을 하지 않았다는 뜻이다. 팩트 자료들을 잔뜩 모아 놓았지만 아무런 인사이트도 떠오르지 않는다면 이것은 무의미한 자료더미에 불과하다. 인사이트는 비 오는 날 하늘에서 미꾸라지가 뚝 떨어지듯이 우연히 나오는 것이 아니다. 데이터들을 요모조모로 보면서 인사이트를 끌어내야 한다.

이를 위해 크게 무엇이지(What)?, 그래서 뭐지(So what)?, 이제 무엇을 하지(Now what)? 의 세 단계를 따를 수 있다.[14]

### 1 단계 _ 무엇이지(What)?

이 질문은 데이터를 보고 사실이나 패턴을 발견하기 위해 던진다. "이 데이터에서 구체적으로 무엇을 알 수 있는가?" "어떤 패턴을 볼 수 있는가?" 와 같은 질문이다.

앞의 예에서 박 대리는 'So what?' 질문의 3단계를 배운 후 문제해결에 활용한다. 먼저 직원들의 이직과 관련된 데이터를 보면서 "무엇이지?"를 묻고 그 결과 다음 패턴을 발견한다.

"입사 5년차 여성 인력의 이직률이 40퍼센트로 가장 높다."
"입사 5년차 여성들은 결혼을 앞두고 근무시간이 더 자유로운 회사로 이직을 한다."

## 2 단계 _ 그래서 뭐지(So what)?

1단계에서 발견한 팩트나 패턴에 대해 'So what?'을 묻는다. "그 팩트 또는 패턴이 시사하고 있는 것은 무엇인가?" "여기에서 어떤 결론을 얻을 수 있는가?"와 같은 질문을 통해 의미와 시사점을 얻는다. 'So what?'을 최소 세 번 이상 물으면서 가능한 한 많은 아이디어를 이끌어낸다.

앞의 예에서 박 대리는 자신이 발견한 패턴을 보고 몇 차례의 'So what?' 질문을 던진다.

그래서 그게 무슨 의미가 있지? (So what?)
"우리 회사에는 여성 인력이 중요한데 근무 형태의 유연성이 부족해서 업무와 육아를 병행하기가 어렵다."

그래서 그게 무슨 의미가 있지? (So what?)
"근무 형태를 바꾸지 않으면 이탈률이 많아지고 우수한 여성 인력들이 회사에 들어오지 않을 것이다."

그래서 그게 무슨 의미가 있지? (So what?)
"3년 이내에 회사의 여성 중간 관리층이 점점 얇아져 윗사람들과 현장 직원과의 교량적인 역할을 할 소통의 창구가 없어진다. 업무 수행에 지장을 받게 될 것이다."

### 3 단계 _ 이제 무엇을 하지(Now what)?

2단계에서 얻은 시사점들을 통합하여 구체적으로 어떤 조치를 취할지를 결정하는 것이다.

박 대리는 "이제 무엇을 하지?"라는 질문을 하고 다음과 같은 조치를 팀장에게 제안한다.

"여성 인력이 육아를 병행할 수 있도록 유연 근무제와 재택 근무제를 검토해야 할 것이다."

- 무슨 일이지?
- 무엇을 관찰했지?
- 우리가 무엇을 했지?
- 우리가 어떤 사실들을 알고 있지?

- 그래서 그것이 왜 중요하지?
- 그래서 그것이 무슨 의미지?
- 그래서 우리는 무엇을 알게 됐지?
- 그래서 우리가 무엇을 더 알아야 하지?

- 이제 이것을 어떻게 적용하지?
- 이제 우리가 무엇을 해야 하지?
- 이제 우리는 어떤 대안들을 갖고 있지?
- 이제 무엇을 다르게 해야 하지?

## So what?, 이렇게 하면 큰 일 난다

'So what?'을 잘 못 사용하면 상대는 오히려 기분이 상하거나 질문자에게 적대감을 느낄 수도 있다. 이 질문을 습관적으로 사용하는 남편 때문에 부부 간의 대화가 단절된 사례도 있다. 하루는 아내가 운전 중에 남편에게 말을 건넸다. "이 길은 복잡하네." 그러자 남편은 이렇게 답했다. "그래서?" 남편의 이런 시비조의 반응이 계속되자 아내는 이제 짜증이 나서 남편과 대화하기를 꺼리게 되었다.

'그래서 뭐지? 라는 질문을 '무엇'이나 '어떻게'라는 질문으로 바꾸면 이 문제를 해결할 수 있다.

"그래서 뭡니까?" ➡ "이것은 무엇을 의미하나요?"
"그래서요?" ➡ "이 데이터에서 어떤 결론을 끌어낼 수 있나요?"
"그래서 뭐지?" ➡ "우리는 무엇을 해야 하나요?"

이렇게 표현을 조금만 바꾸면 상대의 기분을 상하게 하지 않고도 '그래서 뭐지? 라는 질문에 대한 답을 얻을 수 있다.

# 마법의 질문,
# 왜 그렇게 생각합니까?

문제의 답만 보고는 그 사람이 문제를 푼 과정은 정확히 알 수 없다. "AI 기술의 발전이 5년 후 금융 산업에 어떤 변화를 가져올 것인가?"라는 질문에 한 사람이 "지금과 같은 은행의 모습은 많이 없어질 것입니다."라는 대답을 한다. 그런데 이 답만으로는 그 사람이 어떤 생각을 하는지 알 수 없다. 이 경우 왜 그런 답을 하게 되었는지 생각을 밖으로 드러내도록 하면 상대는 자신의 생각을 한층 더 정교하게 만들 수 있다. 생각을 표현하도록 돕기 위해 사용할 수 있는 질문이 "왜 그렇게 생각합니까?"(WMYST: What Makes You Say That?)이다. 이 질문은 생각의 힘을 기르는 데 큰 도움이 되기 때문에 마법의 질문이라고도 불린다.

'WMYST?'는 어떤 사람의 설명, 주장, 의견 등을 더 깊게 탐색하기 위해 사용하는 질문이다. 이 질문은 상대가 생각을 구체화하도록 도와

줄 뿐만 아니라 주제에 대해 얼마나 알고 있는지를 확인하는 데도 유용하다. 이 질문을 통해 질문자는 자신이 이해하지 못했던 것을 이해하게 되고 답변을 하는 사람도 자신의 논리를 더 탄탄히 세운다.[15]

전략의 대가로 알려진 하버드 비즈니스 스쿨의 마이클 포터 교수는 수업 중 학생들에게 "왜 그렇게 생각합니까?"라는 질문을 수없이 던져서 학생들이 더 깊게 생각하도록 자극하고, 생각을 한 차원 높게 발전시키도록 돕는다.[16]

## WMYST 질문 습관의 큰 임팩트

이 질문을 하는 방법은 아주 간단하다. 상대의 발언이나 아이디어에 대해서 '왜 그렇게 생각하나요?'라고 물으면 된다.

한 회사의 임원과 미팅을 하는데 그 임원은 "우리 회사의 올해 정책 중 가장 중요한 것은 안전입니다."라고 말을 했다. 내가 "왜 그렇게 생각하십니까?"라고 묻자 그는 자신의 생각을 얘기했다. 그는 이 질문에 답을 하면서 자신의 생각을 훨씬 명확하게 정리하였고, 결과적으로 직원들에게도 안전의 중요성을 더 잘 설명할 수 있었다고 한다.

이 질문을 할 때 상대의 무지를 파헤치려 한다는 인상을 주어서는 안 된다. K 교수는 국내 한 대학원에서 강의를 하면서 이 질문을 즐겨 사용했다. 그런데 그는 이 질문을 학생이 틀린 답을 얘기했을 때만 물었다. 그의 의도는 답이 틀렸을 경우 학생의 추론 과정을 듣고 어떤 부분에서 오류가 있는지를 알려주는 것이었다. 하지만 답이 틀렸을 때만 교수가 그 질문을 한다는 것을 알게 되자 학생들은 언제부터인가 '왜 그렇게 생각하나요?' 라는 질문에 입을 다물었다. 그 질문이 나온다는 것은 자신의 답이 틀렸다는 것을 알려주는 신호였기 때문이다. 자신의 무지가 다른 학생들 앞에서 파헤쳐지는 것을 원치 않았다. K 교수가 이 질문을 학생들이 맞는 답을 말했을 때도 사용했다면 학생들의 추론 과정을 표출하게 하려는 교수의 의도는 좋은 결과를 가져왔을 것이다.

'WMYST'는 강의에서만 사용하는 질문이 아니다. 사람들의 의견에 즉각적으로 반응하는 대신 '왜 그렇게 생각하나요?' 라고 묻는 것을 습관화해보라. 이 질문 하나로 사람들에게서 더 많은 것을 배우고 더 깊은 대화를 나눌 수 있다. 또한 자신이 예단했던 것이 얼마나 오류 투성이인지를 새삼 깨닫게 된다.

# Why?의 패러독스

"Why(왜)?"라는 질문은 어떤 현상이나 문제의 본질을 생각하도록 돕는 질문이다. 쉬운 예로 "왜 우리가 이 일을 하지?"라는 질문으로 이 일을 하는 근본적인 목적을 생각하게 된다. "왜 이 문제가 발생했지?"라는 질문으로는 그 문제의 근본 원인에 다가갈 수 있다. 어떤 일이나 문제의 본질을 이해하면 기존 방식에서 벗어나 새로운 관점에서 그 일을 보기 때문에 신선한 해결방안을 얻을 수 있다.

이 때문에 하버드에서도 "왜?"라는 질문을 많이 볼 수 있다. 다음 슬라이드는 하버드 메디컬 스쿨에서 사용하는 "왜?"와 관련된 교육 자료의 일부이다.[17]

## 5 Whys

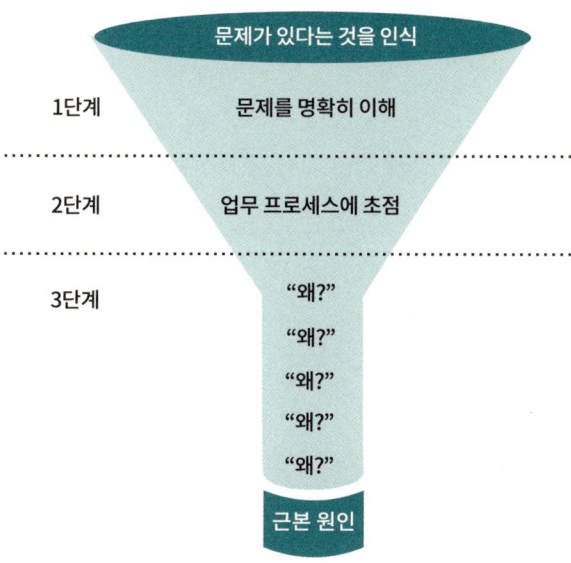

그러나 "왜?"는 많은 오해를 불러일으키는 질문이기도 하다. "왜 일을 그렇게 했나요?" "왜 이렇게 하지 않았나요?"와 같은 질문을 받으면 종종 비난을 받는 느낌이 든다. 그래서 당장 상대로부터 자신을 지켜야겠다는 방어 본능이 발동한다. 머릿속에서는 이미 핑계거리를 여러 개 찾아 놓고 방어 논리를 펴기 때문에 솔직한 대화는 이루어지기 힘들다.

특히 상사와 부하, 교수와 학생의 관계와 같이 한쪽에 더 많은 파워가 있는 경우 이런 경향은 더욱 심해진다. 상사가 부하에게 "왜 일을 그렇게 했나요?"라고 물으면 부하는 '내가 일을 잘 못했나?' 라는 생각부터 한다. 교수가 학생에게 "왜 이 방법을 사용하지 않았나요?" 라고 물으면 학생은 교수가 자신을 꾸짖는 것으로 받아들일 수 있다. 이런 관계에서 파워가 약한 사람은 강한 사람에게 "왜?"라는 질문을 하기도 어렵다. 마치 대드는 것처럼 들릴 수 있기 때문이다.

"왜?"를 사용할 때 주의해야 하는 구체적인 이유는 다음과 같다.[18]

- 상대방이 만든 자료를 보고 "왜 그런데?"라고 계속 묻는다면 매우 오만해 보일 수 있다.
- 상대방은 답을 할 수 없거나 준비되지 않은 상태에서 이런 질문을 받으면 심리적으로 위축되고 불안감을 느낀다.
- 상대방은 당신이 문제를 해결하려는 좋은 의도가 아니라 당신의 실력을 과시하기 위해 이 질문을 한다고 생각할 수도 있다.
- 상대방이 이렇게 부정적인 감정을 느낀다면 마음을 열고 대화에 참여하지 않을 것이다.

## 과감하게 "왜?"를 대체하라

그렇다고 "왜?"를 묻지 말라는 말이 아니다. 다만 상황에 따라 역효과를 내지 않도록 좀 더 부드러운 말로 바꾸어 물으면 더 좋다는 말이다. 구체적으로 '어떻게'나 '무엇'이 들어가는 질문으로 바꾸면 된다.

이해 안 되는 의견을 내는 동료에게
　"왜 그런 의견을 내나요?"라는 질문 대신
　"어떻게 해서 그런 결론에 도달하게 되었나요?"라고 묻는다.
동료는 이 질문을 받고 사뭇 다른 반응을 보일 것이다.

업무 마감을 지키지 못한 직원에게
　"왜 마감을 지키지 못했나요?"라고 묻는 대신
　"마감을 하는 데 무엇이 부족했나요?"라고 질문한다.
이렇게 하면 직원이 업무 마감 기한을 지킬 가능성이 더 높아질 것이다.

새로운 방식으로 업무를 하라고 말하는 상사에게
　"왜 그 방식을 사용해야 합니까?"라고 묻는 대신
　"그 방식을 채택하신 이유를 설명해주실 수 있습니까?"라고 묻는다.

부모가 자녀에게

"너는 왜 자주 전화를 하지 않니?"라고 묻는 대신

"어떻게 하면 우리에게 전화를 자주 할 수 있겠니?"라고 물으면 자녀는 짜증을 내는 대신 부모님에게 전화를 더 자주 할 것이다.

"왜?" 질문을 이렇게 부드럽게 바꾸어 물으면 상대방에게 위협감을 주지 않고 본질을 이해할 수 있다.

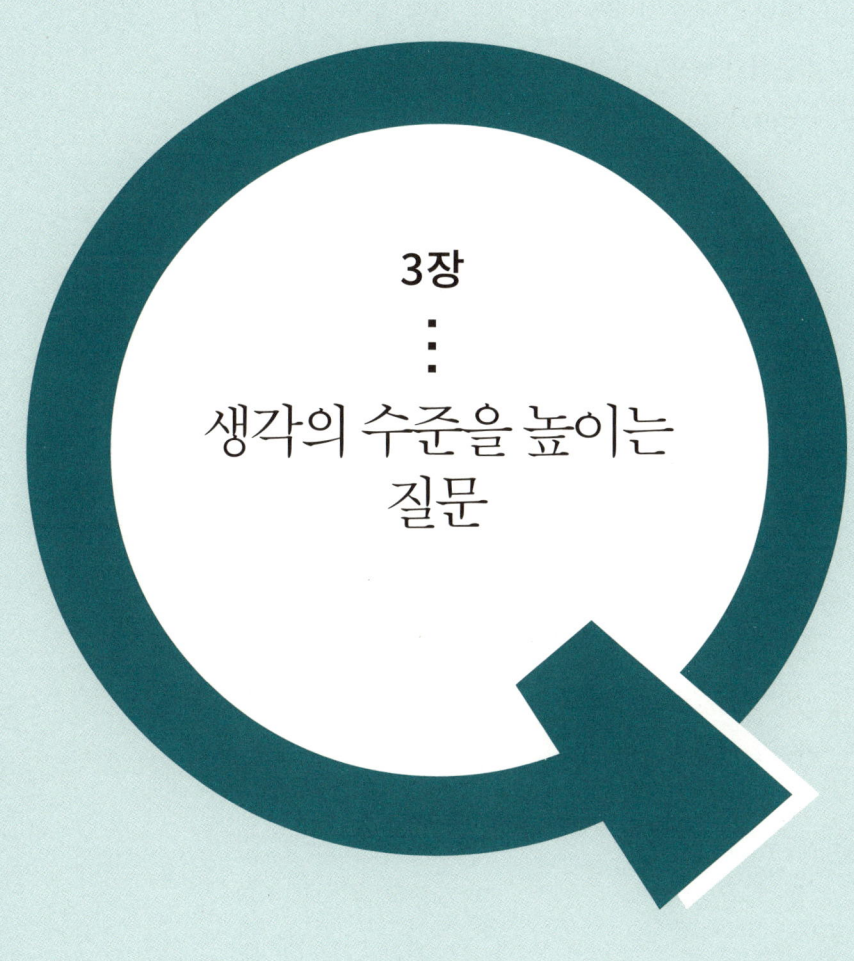

3장

생각의 수준을 높이는
질문

어린 꼬마와 엄마가 길을 간다. 그때 자전거가 지나간다. 그 옆에는 자동차가 쌩하고 달려간다.

꼬마가 묻는다.

"엄마, 왜 자동차가 자전거보다 빨라?"

엄마가 답을 한다.

"자동차는 바퀴가 4개고, 자전거는 2개잖아. 그래서 자동차가 더 빠른 거야."

"그렇구나."

둘은 가던 길을 계속 간다.

엄마는 나름 아이의 눈높이를 생각하여 답을 했다. 그런 엄마가 즉답을 주지 않고 "아! 그래, 엄마도 궁금한데, 우리 같이 생각해 볼까?" 라는 질문을 했더라면 어땠을까?

아이의 생각하는 힘도 콩나물시루에 물을 주면 콩나물이 쑥쑥 자라듯 자라지 않을까!

# 페리 질문으로
# 생각의 날을 간다

　신입 주연이는 일을 지시하면 단편적으로만 살펴보고 사소한 것까지도 상사에게 어떻게 해야 하냐고 묻곤 했다. 상사가 방법을 알려주면 그것이 무슨 원칙인 양 그대로 따라 하곤 했다. 그래서 종종 상사에게 "생각 좀 하면서 일해요." 라는 말을 들었다. 그러던 그녀가 얼마 후 완전히 바뀌었다. 이제 상사로부터 "생각하는 수준이 아주 높아졌어요." 라고 칭찬을 받곤 한다.

　그녀가 생각하는 수준에 어떤 변화가 일어났던 걸까?

　하버드대의 페리 교수가 만든 '생각의 발달 단계'로 설명을 해보자. 그는 연구 결과 생각의 수준이 크게 4단계를 거쳐서 발달한다는 것을 발견했다.[1]

　앞의 신입 주연은 처음에 가장 낮은 단계인 '이원론'의 단계에 있었다. 옳고 그름, 좋고 나쁨과 같이 세상일들을 단순하게 구분하는 이분법적인 사고가 이 단계의 특징이다. 이 단계에 있는 사람은 '맞는 답은 하나다.' 라고 생각을 하기 때문에 상사나 답을 잘 알고 있는 사람에게 답을 묻곤 한다. 상사나 선배가 어떤 것을 알려 주면 그것만이 최고라고 생각하고 다른 방법은 생각하지 않는다. 예를 들어, 상사가 "내가 볼 때 최고의 동기부여 방법은 자율성을 부여하는 거야."라고 말하면 어떤 상황에서나 동기부여를 위해 최대의 자율성을 주어야 한다고 믿는다.

이제 수준이 한 단계 높아지면 '다원론'의 단계로 옮겨간다. 주연이도 다양한 업무 경험을 하고 여러 사람들로부터 피드백을 받으면서 어떤 일에 한 가지 이상의 답이 있을 수 있으며 어떤 경우에는 아직 답이 존재하지 않을 수도 있다고 본다. 상사가 어떤 방법을 제시해도 그대로 받아들이기보다는 이 방법이 최선일까 하는 의문을 갖는다. 이건 하나의 아이디어에 불과하다는 생각에 여러 사람들의 의견을 들어 본다. 앞의 예에서, 상사가 "자율성 부여가 통제보다 동기부여에 더 낫다."고 얘기해도 과연 그럴까 하는 의문을 갖는다. 왜냐하면 자율을 지나치게 많이 주면 오히려 일이 진척되지 않는 경우를 경험했기 때문이다. 어쩌면 통제도 좋은 방법일 수 있다는 의견을 갖는다.

여기서 좀 더 발전하면 상황에 따라 어떤 생각이 더 적절하고 그렇지 않은지 판단할 수 있는 '상대주의' 단계에 이른다. 주연이도 생각의 수준이 한층 높아지면서 상황에 따라 답이 달라질 수 있다고 본다. 상황에 맞는 방법을 찾기 위해 그 의견을 누가 주장했는지, 그 의견을 뒷받침할 탄탄한 근거가 있는지를 살펴본다. 예시에서 자율과 동기부여의 관계에 대해 여러 전문가들의 의견을 찾아보고 자율은 상황에 따라 효과가 있을 수도, 없을 수도 있다는 결론을 내린다. 의욕과 능력이 높은 사람은 자율을 부여하면 효과적인데 그렇지 않은 사람한테 자율을 주면 오히려 포기해 버릴 수도 있다는 식이다.

드디어 최고 수준인 '선택과 책임' 단계에 오른다. 주연이는 이제 다른 사람들의 말에 이리저리 휘둘리지 않고 지식과 경험을 토대로 자신만의 방법을 만든다. 상사가 업무 지시를 하면 이런저런 정보를 탐색하고 비교해 보고 통합해서 새로운 방법을 만들어서 상사의 기대치를 넘는 결과를 낸다. 예시에서 어떤 상황에서 자율이 좋고, 어떤 상황에서 좋지 않은지, 자율을 줄 때는 어떻게 주어야 하는지, 자율에 어떤 위험이 따를 수 있는지, 그 위험을 어떻게 막을 수 있는지 등에 대해 관점을 발전시켜나가는 것이다. 이 단계가 가장 높은 생각의 단계로, 스스로 판단해서 결정을 하고 이 결정에 따라 책임 있게 행동할 수 있는 능력을 갖추게 된다. 그래서 이 단계를 '선택과 책임'이라고 한다.

생각의 수준을 높인다는 것은 크게 보면 다른 사람에게 일방적으로 의존하는 단계에서 벗어나 여러 의견들을 토대로 주도적으로 아이디어를 만들고 실행할 수 있는 단계로 올라가는 것이다. 단순히 다른 사람에게 정답을 묻는 것이 아니라 그 상황에 맞게 스스로 답을 만들어 내는 사고력을 키우는 것이다.

어떻게 하면 사례의 주인공 주연이처럼 생각의 수준을 높일 수 있는가? 바로 질문이다. 다음과 같은 전략을 사용할 수 있다.

### 생각의 도약을 돕는 질문 전략

생각의 발달 단계에서 생각의 수준이 도약하도록 도우려면 무엇보다도 생각이 이런 단계를 거쳐 발달한다는 것을 알아야 한다. 그래야 그 단계에 맞는 질문을 해서 그 사람의 지적인 성장을 도울 수 있기 때문이다.

**전략 1 _ 생각의 현 수준을 진단한다**

상대가 어느 단계에 있는가를 쉽게 알 수 있는 방법이 있다. 질문을 하거나 과제를 내주고 그 반응을 보는 것이다.

예를 들어, 여러 가지 동기부여 이론을 설명했는데 "그런데 어떤 이론이 맞는 것인가요?" 라는 질문이 나온다면 이들은 1단계인 이원론 단계에 있을 가능성이 높다. 상사가 멤버에게 업무를 지시했는데 그 멤버가 상사에게 "어떤 방법으로 할까요?" 라고 묻는다면 역시 이원론 단계에 있을 가능성이 높다.

### 전략 2 _ 윗단계 이행 질문을 한다

상대가 어느 단계에 있는지를 파악하면 그 다음 단계로 올리기 위한 질문을 한다. 앞의 예에서, 이원론 단계에 있는 주연이를 2단계인 다원론 단계로 올리기 위해 상사는 답을 주지 않고 "주연씨는 어떤 방법들을 생각하고 있나요? 각 방법은 어떤 장단점이 있나요?"라고 물을 수 있다.

이때 상대가 해당 단계에 이제 막 이르렀는데 바로 그 다음 단계로 올리기 위한 질문을 하면 상대는 혼란을 느낄 수도 있다. 이제 막 물에 뜨기 시작한 사람에게 자유형, 배영, 평형을 가르치면 어떻게 느끼겠는가! 해당 단계에 어느 정도 익숙해진 후에 그 다음 단계로 나아가는 질문을 하는 것이 좋다.

단계별로 활용할 수 있는 질문의 예는 다음 그림에 제시되어 있다. 이 질문 목록은 각 단계의 수준에 맞는 질문 예들이다. 특히 이 질문은 상대의 생각 수준을 현재 단계에서 다음 단계로 발달시키는 데 활용할 수 있다. 예를 들어, 2단계 다원론에 있는 사람을 3단계 상대주의로 이동시키려면 3단계에 제시된 질문을 하면 큰 도움이 된다.

## 생각의 발달 단계별 질문

**4단계: 선택과 책임**
여러 의견들을 종합해 새로운 관점의 답을 얻는다.

- 여러 의견과 경험을 종합해볼 때 당신은 어떤 결론을 내리겠습니까?
- 이 결론을 지지해주는 근거는 무엇입니까?
- 이 결론을 당신의 일에 어떻게 활용하겠습니까?

**3단계: 상대주의**
답은 상황에 따라 달라진다.

- 여러 의견들 중 어떤 것이 더 낫다고 생각하나요?
- 이 상황에서는 어떤 해결방안이 더 적절하다고 생각하나요?
- 이 문제의 여러 원인들 중 상대적으로 무엇이 더 중요하다고 생각합니까?
- 이 상황에서 가장 중요하게 고려해야 할 리스크는 무엇인가요?

**2단계: 다원론**
여러 개의 답이 존재한다.

- 이 사례에 어떤 아이디어들이 제시되고 있나요?
- 각 아이디어의 장단점은 무엇인가요?
- 그렇게 생각하는 근거는 무엇인가요?
- 사람마다 보는 방식이 어떻게 다른가요?
- 고객은 이것을 어떻게 생각할까요?
- 이번에는 리더가 아니라 팔로워의 관점에서 토의해 볼까요?

**1단계: 이원론**
답은 하나다.

- 둘 중 어떤 것이 맞습니까?
- 이 말은 맞나요, 틀리나요?
- 이 책에 따르면 그 문제를 해결하는 방법은 무엇인가요?
- 최고 권위자는 무엇이라고 하나요?

주위에서 보면 의외로 정답을 요구하는 이원론 단계의 질문들을 많이 한다. 그러나 사고 단계를 높이는 노력 없이 정답만을 찾는 훈련을 받는다면 사고 수준은 제자리에 머물러 있게 된다. 특히 일을 할 때는 정답이 없는 경우가 많다. 상황을 잘 파악하고 그에 맞는 최적의 대안을 만들어서 책임지고 실행하는 능력이 필요하다. 이런 능력을 키우려면 '선택과 책임' 단계에 다다를 수 있도록 질문의 수준을 높일 필요가 있다.

# HOT 질문으로
# 머리를 뜨겁게 달군다

차원 높은 질문을 던지라고 말을 하는데 도대체 어떤 질문들이 차원 높은 질문일까?

이 고민은 자연스레 교육심리학자 벤저민 블룸이 만든 인지분류체계로 이어진다. 블룸은 인지를 기억하기, 이해하기, 적용하기, 분석하기, 평가하기, 창조하기 등의 여섯 가지 수준으로 분류했다. 이 중 하위 세 수준인 기억, 이해, 적용을 '낮은 수준의 사고 (Lower Order Thinking: LOT)', 상위 세 수준인 분석, 평가, 창조를 '높은 수준의 사고 (Higher Order Thinking: HOT)'라고 한다.[2] 차원 높은 질문이란 높은 수준의 사고 (HOT)를 자극하는 질문이라고 말할 수 있다.

그런데 우리가 하는 질문들을 이 체계에 따라 분류해 보면 대부분 어떤 내용을 기억하거나 이해하는지를 묻는 것들이다. 교육의 노벨상이라 불리는 '미네르바상'을 수상한 하버드대 물리학과 에릭 마주르 교수도 교수들이 하는 질문이나 시험 문제들의 대부분이 내용을 기억하는가를 묻는 데 초점을 맞춘다는 점을 지적한다. 이런 질문으로는 높은 수준의 생각을 자극하는 데 한계가 있다는 의미이다. 지금과 같이 정보가 넘쳐나는 세상에서는 정보를 분석, 평가, 창조하는 능력이 훨씬 더 중요하다. 이런 HOT 능력을 키울 수 있는 질문이 점점 더 중요해진다는 뜻이기도 하다.

먼저 블룸의 체계에 따라 각 수준의 인지를 활성화할 수 있는 질문들은 어떤 것인지 보자.

### 수준 1. 기억하기

관련 지식을 기억 속에서 끌어내는 것으로 가장 밑단에 있는 인지 과정이다. 그러나 지식이나 정보를 기억하는 것은 보다 높은 수준의 사고에 기본이 된다. 인지적으로 보다 복잡한 다른 상황에 적용한다거나 분석을 하려면 관련된 지식이나 정보를 기억해 내야 하기 때문이다. 우리가 일상적으로 가장 많이 사용하는 질문이기도 하다.

"작년에 수행했던 프로젝트 이름은 무엇인가?"
"자동차와 스마트폰 중 지난해 어느 것이 더 많이 수출되었는가?"

## 수준 2. 이해하기

'이해'는 알고 있는 지식이나 정보를 활용하여 자기 나름의 의미를 만들어 내는 능력이다. 어떤 지식을 스스로 해석하고, 예를 들고, 분류하고, 요약하고, 추론하고, 비교하고, 설명하는 것이다.

**해석** 닫힌 질문을 다른 말로 한다면?
**예시** 개방형 질문의 구체적인 예로는 어떤 것이 있는가?
**분류** 토마토는 과일인가, 야채인가?
**추론** 이 자료를 볼 때 어떤 결론을 내릴 수 있는가?
**비교** 이 두 개념은 어떤 점에서 비슷한가? 어떤 점에서 차이가 있는가?
**설명** 동기부여를 위해 '당근과 채찍' 스타일을 주로 사용하는 경우 어떤 결과가 생길 수 있는가?

## 수준 3. 적용하기

활동을 수행하거나 문제를 해결하기 위해 알고 있는 지식을 적용하는 것이다.

(목표 설정 이론을 학습한 후)
"목표 설정 이론에 따라 자신의 목표를 어떻게 수립할 수 있을까?"
(질문 리더십을 학습한 후)
"우리 회사에서 질문 리더십을 어떻게 활용할 수 있을까?"

### 수준 4. 분석하기

전체 아이디어나 문제 등을 구성 요소 또는 부분으로 나누고 각 부분들이 서로 어떻게 관련되어 있는지, 전체 구조 또는 목적과는 어떻게 연결되어 있는지를 알아내는 것이다. 분석을 필요로 하는 질문을 던짐으로써 사실이나 정보를 체계적으로 조사하여 문제를 해결하도록 할 수 있다.

"이 두 관점은 구체적으로 어떤 관계가 있는가?"

"이 글에서 저자는 향후 경제상황에 대해 어떤 관점을 갖고 있는가? 그 근거는 무엇인가?"

### 수준 5. 평가하기

평가하기는 어떤 기준에 따라 평가나 판단을 내리는 것을 의미한다. 평가의 핵심은 기준을 확인하고 사용하는 것이다. 평가 시 사용되는 기준은 상황에 따라 다르다. 예를 들어, 품질을 특히 강조하는 회사에서는 '품질'을 가장 중요한 기준으로 삼을 수 있다.

"품질 관점에서 볼 때 여러 가지 해결안 중 가장 좋은 방법은 무엇인가?"

"우리 팀이 이 과제를 해결하기 위해 사용한 절차는 얼마나 효과적인가?"

수준 6. 창조하기

창조란 새로운 것을 만들기 위해서 각 부분들을 새로운 방식으로 조합하는 것이다. 독창적이고 창의적인 사고를 사용해서 문제의 해결책을 찾거나 독창적인 결과물을 만들어 내는 것이다.

"저출산 문제를 해결할 수 있는 새로운 방법들은 어떤 것들이 있는가?"

"우리 팀의 분위기를 어떻게 하면 더 활기차게 만들 수 있을까?"

인지분류체계에 따라 질문을 만들어 보면 다음과 같다.[3]

## 블룸의 인지분류체계에 따른 질문

| 좌측 설명 | 단계 | 우측 예시 질문 |
|---|---|---|
| 독창적인 해결안을 찾도록 하는 질문 | 창조 | • 이 이론들의 장단점을 토대로 새로운 아이디어를 만들어 볼까요?<br>• 어떤 해결안을 제안하시겠습니까? |
| 구체적인 기준을 사용하여 판단을 내리도록 하는 질문 | 평가 | • 왜 이 안을 선택했습니까?<br>• 해결안을 평가하는 데 어떤 기준을 갖고 있습니까? |
| 개념이나 상황을 요소들로 나누고 그들 간의 관계를 보도록 묻는 질문 | 분석 | • 어떤 요소들이 있습니까?<br>• 각 요소들을 비교해 본다면? |
| 학습 내용을 새로운 상황에 적용할 수 있는지를 묻는 질문 | 적용 | • 다른 상황에 어떻게 적용할 수 있나요?<br>• 이 이론을 경영에 어떻게 사용할 수 있을까요? |
| 이해를 확인하기 위해 자신의 용어로 설명할 수 있는가를 묻는 질문 | 이해 | • 쉬운 말로 다시 설명해 주시겠습니까?<br>• 간단하게 요약해 주실까요?<br>• 예를 들어 주시겠습니까? |
| 학습 내용을 기억하는가를 묻는 질문 | 기억 | • 무엇입니까?<br>• 어디서, 언제 그 일이 발생했죠? |

## HOT 질문에 이르는 길

### HOT 질문 전략 1 _ 질문 습관을 평가하라

많은 사람들은 자신이 LOT 질문을 과도하게 사용한다는 것 자체를 의식하지 못한다. 따라서 사고 능력을 높이는 질문을 하기 위해서는 가장 먼저 자신의 질문 습관을 알아야 한다. 방법은 자신이 묻는 질문들을 기록해서 블룸의 체계에 따라 분류해 보는 것이다. 이렇게 하면 평소에 자신이 어떤 수준의 질문들을 자주 던지는지 알 수 있다.

하버드 의과대학은 대학 차원에서 교수와 학생들의 HOT 질문 역량을 개발하려고 노력한다. 이 노력의 일환으로 대학 차원에서 교수들의 질문 습관을 진단해 준다. 또한 의대의 시험 문제를 놓고 어떤 문제가 하위 단계인지, 상위 단계인지를 분류해서 교수들에게 알려 주려고 한다. 우선 각 과목의 1학년 시험 문제들을 분류해서 HOT 질문과 LOT 질문의 비율에 대해 해당 과목 교수에게 피드백을 줄 계획이다. 그런 다음 시험 문제를 내는 데 이 분류 체계를 어떻게 활용할 수 있는가를 설명할 예정이다. 학생들에게도 HOT 질문에 자신들이 어떻게 답을 했는지 분석해서 알려주고 HOT 질문에 더 좋은 답을 하는 방법을 설명한다.[4]

### HOT 질문 전략 2 _ 질문 목록을 준비하라

자신의 질문 습관을 파악한 다음에 여러 상황에서 사용할 수 있는 질문 목록을 개발한다. 질문 목록에는 LOT 질문과 HOT 질문들이 골고루 들어가 있는 것이 좋다. 가능하면 HOT 질문의 비율을 높게 한다.

다음은 리더가 던져야 하는 질문들의 예시이다.

1. 이 상황은 이전 상황과 어떤 관련이 있습니까?
2. 이 상황은 이전 상황과 어떻게 다른가요?
3. 이 문제의 본질은 무엇인가요?
4. 이해관계자들의 관심사를 어떻게 통합할 수 있나요?
5. 시간이 지남에 따라 문제는 어떻게 변화합니까?
6. 우리는 그러한 변화에 어떻게 적응할 수 있습니까?
7. 표준 접근 방식이 일관되게 실패하는 이유는 무엇입니까?
8. 어떻게 우위를 점할 수 있습니까?
9. 왜 우리 회사 사람들은 우리가 직면한 문제와 복잡성을 지나치게 단순화합니까?
10. 다른 회사들은 보고 있는데 우리는 놓치고 있는 것이 있습니까?

쉽게 답이 나오는가? 답을 하기 위해 아마 깊은 고민을 해야 할 것이다. 높은 사고 스킬을 요하는 HOT 질문들이기 때문이다.

HOT 질문이 중요하다고 해서 낮은 수준의 사고가 필요한 질문이 중요하지 않다는 의미는 아니다. 이런 LOT 질문도 중요하지만 상대방에게 생각하는 힘을 길러 주기 위해서는 높은 수준의 사고를 요하는 HOT 질문도 해야 한다는 말이다.

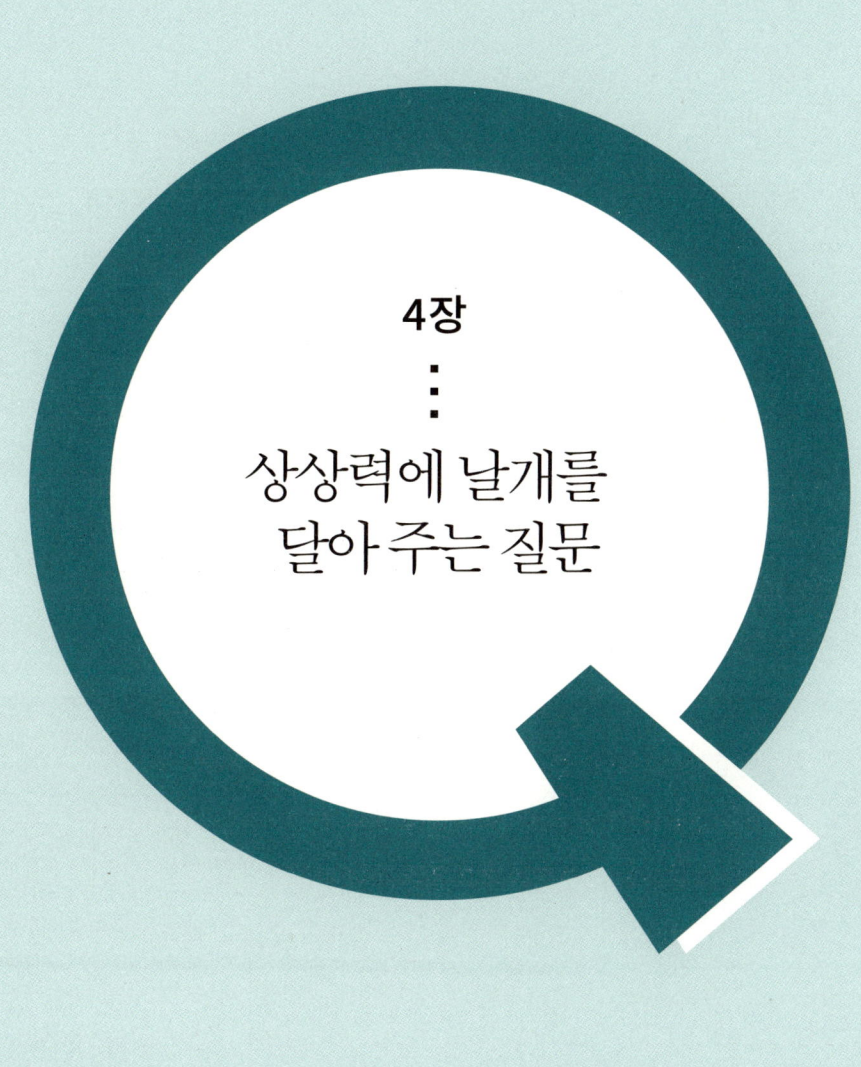

4장

상상력에 날개를
달아 주는 질문

안정만을 강조하는 사회는 상상력을 억누른다. 그러나 혁신과 창조의 힘을 믿는 사회는 상상력을 장려한다. 무언가를 상상하지 않고는 존재하지 않았던 것을 만들거나 인류에게 더 나은 삶을 가져다 줄 것을 만들 수 없다. 새처럼 하늘을 자유롭게 날 수는 없을까 라는 질문을 갖고 상상의 나래를 펼치지 않았다면 오늘날 비행기라는 것을 볼 수 있었을까?

4차 산업혁명 시대에 아무리 기계가 인간을 대체한다고 해도 상상력이 강한 사람은 대체할 수 없다. 일찍이 아인쉬타인은 "상상력이 지식보다 더 중요하다."라고 말한 바 있다. 상상력이 있어야 미래로의 여행이 가능하기 때문이다.

그런데 상상력은 질문 없이는 상상할 수 없다.

# 최고의 혁신가 질문,
# "어떻게 하면 ~ 할 수 있을까?"

　'개미'로 잘 알려진 베르나르 베르베르가 이 책을 집필하는 데 걸린 세월은 무려 12년이었다. 수많은 출판사에 원고를 보냈지만 매번 '노'라는 답장을 받았다. 무려 6년간이나 거절을 당했다. 그때마다 그가 자신에게 던진 질문이 있다. "어떻게 하면 책이 잘 읽힐까?" 그는 이 질문을 수없이 던지며 자신이 이전에 생각하지 못했던 내용을 담았다고 한다. 이 책은 포켓 사이즈만으로도 천만 권이 팔려나갔다.

　혁신적인 회사들의 혁신 프로세스를 작동시키는 질문들을 살펴보면 자주 사용되는 질문이 있다. 바로 '어떻게 하면 우리가 ~ 할 수 있을까? (How Might We?: HMW)' 이다. 그들은 베르베르의 질문과도 유사한 HMW 질문을 수없이 묻고 있다. 그래서 이 질문은 혁신가의 질문이라고도 불린다.

## HMW의 파워

혁신적 기업들은 끊임없이 '어떻게 우리가 X를 완전히 재설계할 수 있을까?' 또는 '어떻게 우리가 Y를 달성하기 위한 새로운 방법을 찾을 수 있을까?' 등의 질문을 하고 이 질문에 대한 답을 찾는 과정에서 혁신적인 아이디어를 얻게 된다. 구글에서는 "어떻게 하면 우리가 소셜 미디어 상에서 사람들이 자신의 삶의 모습을 더 편안하게 공유하게 할 수 있을까?" 부터 "어떻게 하면 우리가 인간의 수명을 5백 살까지 늘릴 수 있을까?"에 이르기까지 이 질문을 일상적으로 활용한다. 온라인 서점으로 출발한 아마존의 CEO인 베조스는 "어떻게 하면 일반인도 우주여행을 할 수 있을까?"라는 질문을 갖고 블루오리진이라는 회사를 만들어 우주 산업에 박차를 가하고 있다.

이 기업들이 혁신적 아이디어를 얻기 위해 유독 이 HMW 질문을 묻는 이유는 무엇일까? 이 질문에 내포된 의미를 보면 그 이유를 알 수 있다.

'How'는 해결안이 어딘가에 있으며 우리는 그것을 찾을 수 있다는 긍정적인 의미를 담고 있다. 그렇다고 쉽게 떠오르는 해결안을 바로 채택하는 것이 아니라 새로운 아이디어들을 탐색할 필요가 있다는 뜻도 함께 갖고 있다.

'Might'는 모든 가능성이 열려 있다는 의미다. 확신이 없더라도 어떤 아이디어라도 생각해 볼 수 있다 (저자 주: 영어에서 might는 '~일지도 모른다, ~일 수도 있다' 라는 뜻으로 확실하지는 않지만 가능성이 있다는 의미로 사용된다.).

'We'는 혼자서 하는 것이 아니라 우리가 다 함께 협력해서 이 과제를 수행하고 있다는 의미이다. 혁신적 아이디어를 얻는 데는 다양한 분야에 있는 여러 사람들과의 협업이 필요하기 때문이다.[1]

이 질문을 갖고 있으면 사람들은 열정과 열린 마음을 갖고 창의적인 해결안을 찾을 수 있게 된다. 그리고 처음부터 '올바른' 답을 내야 한다는 압력이 없기 때문에 자유롭게 탐색을 할 수 있다. 가장 큰 이점은 다양한 해결 아이디어를 탐색하는 확산적 사고를 하게 된다는 것이다.

## HMW 프랙티스

어떤 이슈나 과제가 있을 때 의식적으로 이것을 HMW 질문으로 바꾸어 본다. 방법은 아주 간단하다. 초점을 맞출 이슈를 정한 후 이것을 "어떻게 하면 우리가 ~할 수 있을까?" 로 표현하면 된다. 이때 앞에서 설명한 'how' 'might' 'we'의 철학을 되새길 필요가 있다. 단순히 겉으로 표현된 의미만을 갖고 질문을 하면 이 질문이 추구하는 가치를 퇴색시킬 수 있다.

나는 회사나 학교에서 과제를 수행할 때 이 질문을 자주 사용한다. 참가자들이 과제 명을 정하면 이것을 HMW로 바꾸게 한다. 바꾸기가 쉬울 것 같지만 막상 바꾸어 보라고 하면 매우 힘들어 한다. 그래서 연습이 필요하다.

"어떻게 하면 우리가 저금리 시대에 금융투자수익을 높일 수 있을까?"
"어떻게 하면 우리가 노후 파산을 막을 수 있을까?"
"어떻게 하면 우리가 20대 1인 가구의 주택 문제를 해결할 수 있을까?"

이렇게 HMW 형식으로 표현하면 이 과정에서 과제에 대한 이해가 깊어지고 훨씬 더 다양한 해결안을 생각하게 된다.

## 02

# 조건부 언어 질문으로
# 생각을 확장하라

혼자서도 날 수 있고 먹이 사냥을 할 수 있는 다 자란 새끼에게 어미 새가 먹이를 물어다 주면 그 새는 독립을 할 수 없다. 이와 마찬가지로 상사나 교수가 '지식'이라는 먹이를 부하나 학생들의 입에 넣어주면 그들은 더 이상 다른 가능성들을 탐색하지 않는다. 이 현상을 '조기 인지 몰입'이라고 부른다. 정보를 아무런 비판 없이 받아들인 후 다른 가능성이나 관점을 탐색하지 않고 마음을 닫아버리는 현상이다. 조기 인지 몰입에 빠지면 상상력은 현저히 떨어진다.

그래서 이런 조기 인지 몰입에 빠지지 않도록 주의를 해야 한다. 질문으로 이미 알고 있는 것 이외에 다른 가능성들을 탐색하도록 생각을 말랑말랑하게 만들어야 한다. 이를 위해서 질문 시 '조건부 언어'라는 개념을 활용할 수 있다.

## 조건부 언어로 생각을 말랑말랑하게

먼저 '단정적 언어'와 '조건부 언어'가 무엇인지를 보자.

'단정적 언어'란 "분명 이것이 문제입니다." "그들은 이 현상을 이해하지 못하고 있습니다."와 같이 단정적으로 말을 하는 것이다. 확신에 차 보이지만 자칫 생각을 고착시키는 단점이 있다. 어떤 문제가 있을 때 한 가지 관점에서만 분석하거나 하나의 해결안만 있다는 식으로 사고를 가두어 버린다. 반면에 '조건부 언어'는 "제가 보기에는 이것이 문제일 수도 있습니다." "내가 알고 있는 바로는 그들이 이 현상을 이해하지 못하는 것 같습니다." 라는 식으로 다른 가능성을 열어 둔다.[2]

단정적 언어와 조건부 언어가 생각의 유연성에 미치는 영향을 잘 보여주는 실험이 있다. 하버드 심리학과의 엘런 랭어 교수는 학생들을 두 그룹으로 나누고 헤어드라이어, 강아지들이 물으면서 노는 고무 장난감 등 몇 개의 물건을 보여주었다. 이때 한 그룹에게는 "이 물건은 헤어드라이어입니다," "이 물건은 강아지들이 물고 노는 장난감입니다." 라고 단정적인 언어 방식으로 설명을 했다. 다른 그룹에게는 "이 물건은 헤어드라이어일 수도 있습니다," "이 물건은 강아지들이 물고 노는 장난감으로 사용할 수도 있습니다." 라고 조건부 언어로 말을 했다. 상황에 따라 그 물건이 다르게 쓰일 수도 있다는 것을 암시한 것이다.

이렇게 물건들을 소개한 후에 응답지를 주고 작성 방법을 알려준 뒤 연필로 작성하라고 했다. 학생들이 작성을 끝내자 연구자는 갑자기 작성 방법을 잘못 알려주었다며 다시 작성하라고 했다. 그런데 여분의 응답지도 없다고 말을 한다. 응답을 고치기 위해 지우개가 필요한 상황을 만든 것이다.

이 상황에서 두 그룹의 행동에 어떤 차이가 있었을까? 강아지 장난감은 그 재료가 고무였기 때문에 지우개로 사용할 수 있었다. 그런데 "장난감으로 사용할 수도 있습니다." 라고 조건부 언어로 설명을 들은 그룹만이 이 '장난감'을 지우개로 사용하였다. "이것은 강아지 장난감입니다." 라고 단정적 언어로 설명을 들은 그룹은 다른 용도로 사용할 생각을 하지 않았다. 정답이 주어졌기 때문에 생각을 멈추어 버린 것이다.[3]

이런 조건부 언어 개념을 질문에도 활용할 수 있다. 이미 알고 있는 것 너머로 생각을 더 넓힐 수 있도록 질문을 하는 것이다.

### 조건부 언어 질문들

조건부 언어 질문은 단정적인 관점에서 벗어나 다른 관점으로 생각을 확장시킬 수 있는 문장이나 구절을 포함하여 만들면 된다.

**"그 밖에 무엇이 있을까요?"**

조건부 언어 질문의 대표적인 주자는 단연 "그 밖에 무엇이 있을까요?"이다. 질문자가 "~~일 수 있습니다. 그 밖에 어떤 다른 방법들, 관점들이 있을까요?"라고 조건부 언어 형식으로 말하고 질문을 해서 상대가 편협한 시각에서 벗어나도록 자극할 수 있다. 기업문화의 아버지라고 불리는 MIT 대학의 에드거 쉐인 교수는 저서인 <겸손한 질문>에서 엘런 랭어 교수로부터 이 질문을 받고 나서 세상을 달리 보게 되었다고 말한다.[4]

다음 두 대화를 비교해보자.

| 대화 1 |

A1  어떻게 하면 W 인터넷 은행이 수익성을 높일 수 있을까요?
B1  타겟 고객층을 넓혀야 합니다.
A2  타겟 고객층을 어떻게 넓힐 수 있나요?
B2  60, 70 대까지 넓혀야 합니다.
A3  그래요. 좋은 아이디어입니다.

이렇게 토의가 진행되면 조기 인지 몰입이 일어난다. 타겟 고객층을 넓히는 것 말고도 다른 방법들이 있을 수 있는데 질문자는 곧 바로 이것에만 초점을 맞추어 그 다음 질문을 한다(A2). 이 질문에 상대가 응답을 하자(B2) 질문자는 상대가 다른 연령대로 생각을 확장시킬 수 있는 질문을 하지 않고 60, 70대에만 토의를 제한시킨다. 그 결과로 나오는 해결안의 수준은 낮을 수밖에 없다.

### | 대화 2 |

A1  어떻게 하면 W 인터넷 은행이 수익성을 높일 수 있을까요?
B1  타겟 고객층을 넓혀야 합니다.
A2  그 밖에 또 어떤 방법이 있을까요? (조건부 언어 질문)
B2  정부기관과 파트너십을 맺는 방법도 가능합니다.

A는 몇 번의 '그 밖에 또?' 질문을 던져서 B가 다양한 생각을 하도록 한다. 그런 다음 각 아이디어에 대해 더 깊이 있게 탐색을 해간다.

A  각 방법을 더 자세히 살펴볼까요? 먼저 타겟 고객층을 어떻게 넓힐 수 있나요?
B  60, 70대까지 넓혀야 합니다.
A  그 밖에 어떤 연령대를 포함할 수 있을까요? (조건부 언어 질문)
(……)
A  시니어 고객은 모바일 뱅킹에 익숙하지 않은데 어떻게 이 고객층의 모바일 뱅킹 접근성을 높일 수 있나요?
B  시니어 고객 중 1억 이상 고액 거래자에게는 태블릿 PC를 제공해서 글자를 크게 볼 수 있도록 하는 것도 좋습니다.

A 그 밖에 또 어떻게 접근성을 높일 수 있나요? (조건부 언어 질문)

각 아이디어에 대해서도 이렇게 다양한 가능성을 탐구하고 추가적으로 연구를 하도록 '그 밖에 또?' 질문을 던진다. 이 질문을 통해 사고는 점점 확장된다.

### 양면을 다 보는 질문을 하라

상대가 단정적으로 맞다, 틀리다 라고 말하거나 긍정적인 면, 부정적인 면 중 어느 한 측면만을 얘기할 때는 반대의 측면도 보도록 질문을 한다. 예를 들어, 아이가 어떤 내용을 보고 "이것은 틀렸어요."라고 말한다면 아이에게 "이것을 보고 어떤 틀린 부분을 발견했니?" "어떤 맞는 부분을 발견했니?" 라고 물을 수 있다. 이렇게 하면 단순히 틀렸다고 단정짓는 것이 아니라 틀린 부분도 있고 맞는 부분도 있다는 식으로 생각이 넓어진다. 상대가 갈등의 부정적인 측면만 이야기할 경우 "갈등이 그 밖에 어떤 영향을 미칠 수 있습니까?" 라고 물어서 갈등에 긍정적 측면도 있다는 쪽으로 관점을 넓힐 수 있다. 그에 따라 생각도 유연해진다.

# 세상을 바꾸는 What if?, "~한다면 어떻게 될까?"

상상력이 잘 발휘되지 않는 큰 이유는 지금, 여기에 기반을 두고 생각을 하기 때문이다. 익숙해져 있는 제도, 관행과 관념에서 벗어나 다른 생각을 하는 것은 하늘에서 별을 따는 것만큼이나 힘이 든다. 지금과는 다른, 신선한 눈으로 보려면 상황 자체를 바꾸어서 완전히 새로운 상황에서 생각을 해야 한다.

이때 사용할 수 있는 질문이 "What if? (~한다면 어떻게 될까?)"이다. 이 질문은 현재라는 구속에서 벗어나서 상상의 나래를 펴도록 하는 질문이다. 대안들을 탐색할 때 '상자 밖에서 생각'하도록 자극한다.

하버드 교육대학원의 라이언 학장은 "왜 그렇지? ~한다면 어떨까?"를 습관으로 만들어야 할 질문의 하나로 꼽는다. 그는 "왜 그렇지? 라는 질문은 세상에 대해 호기심을 갖게 하는 방법입니다. '만약에 ~한다면 어떨까?' 라는 질문은 세상을 어떻게 개선할 수 있는지에 대해 생각해 보도록 합니다."라고 말한다. 파괴적 혁신의 개념을 개척한 클레이튼 크리슨텐슨 교수는 <이노베이터 DNA>에서 이 질문이 혁신적인 제품이나 아이디어를 만든 사람들의 단골 메뉴라고 말한다.

세계에서 가장 큰 택시 회사지만 차를 한 대도 소유하고 있지 않은 '우버' 택시는 "내가 택시를 백만장자처럼 타면 어떨까?"라는 질문에서 시작되었다. 이 질문의 결과, 공유경제를 활용해서 마치 개인 전용 운전기사를 둔 것처럼 손님에게 편리하고 질 높은 이동 서비스를 제공한다는 아이디어를 낼 수 있었다. 기존의 운송 서비스라는 틀 안에서 사업 아이디어를 찾으려 했다면 이런 아이디어는 나오지 않았을 것이다.

기저귀를 만드는 회사라면 "만약 유아용 기저귀에 사물 인터넷을 접목하여 기저귀 갈 시간을 알려준다면 어떨까?"라는 질문을 해볼 수 있을 것이다. 이런 상품을 만든다면 부모들이 아기의 기저귀 상태를 확인하기 위해 코를 쿵쿵대는 불편함은 없을 것이다.

혁신적인 사고를 하는 사람들은 "우리가 지금 하고 있는 것이 아닌 다른 뭔가를 해보면 어떨까?"라는 질문을 끊임없이 묻는다. 이 질문 덕분에 새로운 기회를 탐색하고 회사를 새로운 방향으로 이끌 수 있게 된다.

### 가능성 탐색의 트리거, What if?

이 질문은 변화와 혁신이 필요한 어떤 상황에서라도 사용할 수 있다. 크리스텐슨 교수는 이 질문이 "미래의 어느 시점에서 핵심 비즈니스가 어려움에 처할 가능성이 있을 때 매우 유용할 것"이라고 말한다. 지금 잘 나가는 사업의 미래를 준비하는 데 도움을 준다는 것이다.

'What if?' 질문은 상황을 다양한 각도에서 보는 데도 매우 도움이 된다. 리더들의 문제해결 역량을 강조한 하버드 케네디 행정대학원의 하이페츠 교수는 <적응 리더십>에서 문제를 해결할 때 이 질문으로 관점을 넓혀서 해결안을 찾도록 한다.[5] 예를 들어 "우리가 제품에 추가하려는 사양에 고객이 큰 가치를 두지 않는다면 어떻게 될까?" "신생아 수가 절반으로 줄면 우리 사업은 어떻게 될까?"라고 물으면 해결안의 폭을 넓힐 수 있다.

### What if? 질문, 두 가지 전략

#### What if 전략 1 _ 제약을 가해 물어라

첫 번째 방법은 인위적인 제약 조건을 만들어 놓고 이 제약 조건 하에서 'What if' 질문을 하는 것이다.[6] 크리스텐슨 교수는 다음과 같은 질문들을 예시로 들고 있다.

"만일 자신 또는 마켓 리더가 제품의 사양을 20% 없애고 가격을 80%까지 낮춘다면 무슨 일이 일어날 것 같은가?"

"우리 회사가 내년에 법적으로 현재의 고객들에게 물건을 파는 것이 금지된다면 우리는 어떻게 돈을 벌까?"

이렇게 제약을 가해 지금과는 완전히 다른, 새로운 상황에서 생각을 하면 기존에 생각하지 못했던 새로운 가능성을 생각하게 한다. "창의성은 제약을 사랑한다."는 말이 있다. 제약을 가하면 고정관념의 틀에서 벗어나서 새로운 사고를 할 수밖에 없기 때문이다.

### What if 전략 2 _ 제약을 풀어 물어라

두 번째 전략은 첫 번째와 반대로 제약을 풀어서 새로운 상황에 놓이게 하는 것이다. 이 상황에서는 기존에 가해진 제약이 없어지기 때문에 자유롭게 상상할 수 있다.[7] 제약을 푸는 'What if?' 질문의 예는 다음과 같다.

"만일 모두 무인자동차를 타고 다닌다면 우리 사업은 어떻게 바뀔까?"

"만일 당신이 집에서 사용하는 제품 하나를 선정한 후 엔지니어들이 깜짝 놀랄만한 아이디어 세 가지를 만든다면 그것은 무엇인가?"

'What if?' 질문은 변화와 혁신을 불러오는 질문이다. 어쩌면 인류의 발전은 'What if' 질문에서 시작되었다고 할 수 있다. 'What if?' 질문은 이미 답을 가지고 있는 사람들에게는 환영을 받지 못한다. 그러나 현재에 머물러 있게 되면 점점 쇠퇴라는 깊은 수렁으로 한발 한발 들어가게 된다.

애플의 스티브 잡스가 살아 있다면 "만일 스마트폰에 배터리가 아예 없다면 어떻게 될까?" 라는 질문을 던지지 않았을까?

## 04

# 창조적 대화의 열쇠,
# 적극적 탐구

추석이 가까워지자 벌초 방법을 놓고 형제가 다툼을 벌이고 있다. 형은 "아무리 바빠도 우리가 직접 벌초를 하자."라고 말한다. 하지만 동생은 "바쁘고 힘드니까 사람을 사서 맡깁시다."라고 다른 주장을 한다. 형과 동생은 서로 갖은 논리를 대가며 자신의 의견이 합리적이라고 우겨댄다.

이런 상황이 일어난 이유를 알려면 대화 시 우리가 사용하는 두 가지 기본 모드를 이해할 필요가 있다. 하나는 '옹호' 모드로, 우리가 아주 익숙하게 사용한다. 이 모드에서는 "내 의견이 맞으니까 다른 사람들이 내 의견을 받아들여야 한다. 그들이 나에게 동의하지 않는 이유는 이것에 대해 잘 모르거나 나쁜 의도를 가지고 있기 때문이다."라고 생각한다. 그래서 자신의 입장을 말하는 데만 온통 사로잡혀 상대의 입장이 무엇인지 잘 듣지도 않고, 듣는다고 해도 결함을 찾는 데 집중한다.

또 하나는 '탐색' 모드로, 상대의 생각을 더 잘 이해하기 위해서 질문을 하는 것이다. 이 모드는 자주 사용하지 않아 서투르지만 훨씬 더 좋은 결과를 만들어 낸다.

그런데 많은 사람들은 기본 모드를 옹호로 설정해놓고 탐색으로 바꿀 줄을 모른다. 그래서 많은 갈등이 생기고 문제도 제대로 해결되지 않는다. 만일 앞의 형제가 대화의 모드를 옹호에서 탐색으로 바꾸지 않는다면 형제간의 우애에 금이 갈 것이다.

조직학습의 대가인 크리스 아지리스 교수는 대화 시 이에 대한 대안으로 '적극적 탐구'를 제시한다. '적극적 탐구'란 '자신의 생각을 솔직히 표현하고, 이에 대해 다른 사람들의 생각은 어떤지 진지하게 탐구하는 것'을 말한다. 자신의 생각을 명확히 표현하고 어떤 과정을 통해 이 생각에 이르게 되었는지를 상대와 공유한다. 또한 상대가 생각하는 과정을 진지하게 탐색하는 것이다. "나는 이런 좋은 아이디어를 가지고 있습니다. 그런데 이 아이디어에는 뭔가 빠지거나 틀린 부분이 있는 것 같습니다. 함께 탐구해 볼까요?" 라고 요청을 하는 식이다. 옹호와 탐색이 균형을 이루는 대화법인 셈이다.

'적극적 탐구'를 잘 하려면 두 가지 원칙을 명심해야 한다. 첫째, 자신의 답이 틀릴 수도 있으며 유일한 답이 아니라 하나의 가능성이라고 생각해야 한다. 자신의 견해에 부족한 부분이 있을 수도 있기 때문이다. 둘째, 따라서 상대의 견해를 주의 깊게 경청하고 다른 견해가 있으면 질문을 해서 정확히 이해해야 한다. 자신의 견해에서 미흡한 부분을 찾아내는 가장 좋은 방법은 자신에게는 없지만 상대방에게는 있는 것이 무엇인지를 파악하는 것이기 때문이다.

## 적극적 탐구의 3단계

적극적 탐구는 3개의 핵심 단계로 구성된다.

### 1단계 _ 얼마나 달라요?

자신의 입장을 말한 다음, 상대가 이에 대해 어떻게 생각하는지를 정중하게 묻는다.

"이것이 내가 그 상황을 보는 관점이며 이유입니다. 당신은 이 상황을 얼마나 다르게 보고 있나요?"

이때 주의할 것은 '예' '아니오'라는 답이 나오는 질문이 아니라 '얼마나 다르게' 라는 문구를 사용해서 질문하는 것이다. '당신은 이 상황을 나와 다르게 보고 있나요?' 라고 질문하면 상대는 '예' '아니오'로 답을 하면 되기 때문에 추가적인 탐구가 이루어지지 않는다. 그러나

'얼마나 다르게'라는 문구를 써서 물으면 상대방과 무엇이 다르고 무엇이 같은지를 알 수 있게 된다.

### 2단계 _ 이렇게 말씀하신 게 맞나요?

상대의 견해를 들은 후에 이 견해를 다른 말로 바꾸어 말한다. 그리고 자신이 제대로 이해했는지 물어본다.

"당신의 견해를 이해하고 싶습니다. 이렇게(상대방이 한 말을 바꾸어 말한다) 말씀하시는 것 같습니다. 이 말이 당신의 견해를 얼마나 정확하게 나타내 주고 있습니까?"

### 3단계 _ 조금 더 얘기해 주실 수 있나요?

상대의 견해에 대해 자신이 이해하지 못한 부분이 있으면 질문을 통해 추가적인 정보를 요청한다.

"당신은 이 합병을 나쁜 아이디어라고 생각하는 것 같습니다. 당신이 어떻게 그런 생각을 하게 되었는지 그 과정을 잘 이해하지 못하겠습니다. 어떻게 그런 생각에 이르렀는지 조금 더 말씀해 주실 수 있습니까?"

이렇게 다른 사람들과 상호작용 할 때 자기 주장만 내세우지 않고 적극적으로 상대의 의견을 탐색하면 자신이 미처 알지 못하던 부분으로까지 지식을 확장할 수 있다. 지적으로 성장할 뿐만 아니라 창의적인 해결안을 내놓을 수 있다. P&G 회장이 직접 나서서 회의와 회사 내의 대화에 적극적 탐구 방식을 도입한 것도 바로 이것 때문이다.[8]

#  까딱 잘 못하면
# 판을 깨는 질문들

질문은 의심의 여지없이 가치 있는 도구이다. 그러나 모든 질문이 다 그런 것은 아니다. 어떤 질문은 상대의 기분을 상하게 하고 움츠러들게 만든다. 자신도 모르게 던진 잘못된 질문으로 상대는 창의적인 생각을 하는 데 방해를 받는다. 무심코 던진 잘못된 질문 하나 때문에 잘 나가던 대화가 깨질 수도 있다.

어느 상황에서나 묻지 말아야 할 대표적인 질문 다섯 가지는 다음과 같다.

**판을 깨는 질문 1. 질문의 탈을 쓴 주장**

점심 때 식당에 갔다. 생선구이를 주문했는데 한참 지나도 나오지 않자 손님은 "생선 구이 아직 안 나와요?" 라고 퉁명스럽게 묻는다.

이때 손님은 아직 생선 구이가 준비되지 않았다는 것을 알고 식당 주인도 그 사실을 알고 있으므로 역시 달갑지 않은 목소리로 화답을 한다. 그런데 손님이 말하고자 했던 의도는 "늦게 나와서 너무 답답합니다. 빨리 나왔으면 좋겠어요." 라는 것이었다. 만일 처음에 이 의도를 솔직하게 말했더라면 주인은 더 긍정적인 반응을 보였을 것이다.

질문을 가장해서 주장하지 말라. 그런 질문은 냉소나 분노를 일으킬 가능성이 크다.

"단 한 번만이라도 납기를 맞출 수 없나요?" 라고 묻는 대신 이렇게 말한다.

"매번 납기를 못 지키니까 불안해요. 이번에는 꼭 납기를 지켰으면 좋겠어요."

질문의 탈을 쓰고 주장을 하는 것보다는 의도를 솔직히 말하는 것이 더 효과적이다.9

### 판을 깨는 질문 2. 부정적 프레임으로 얼룩진 질문

사람들은 잘 되고 있는 것보다는 문제점을 훨씬 잘 본다. 그 결과 질문도 문제 중심으로 한다. 무엇이 문제지? 무엇이 잘못 됐지? 도대체 이런 일이 왜 일어났지? 등과 같은 질문들이 단골손님처럼 등장한다. 대화도 많은 경우 이런 질문들로 시작된다.

그러나 이렇게 문제와 약점에만 초점을 맞춘 부정적 질문을 하면 질문을 하는 사람이나 받는 사람이나 금방 에너지를 빼앗긴다. 정서가 부정적인 방향으로 흐르기 때문에 생각도 좁아진다. 반대로 강점에 초점을 맞춘 긍정적인 질문은 상대방에게 에너지를 불어넣고 닫혔던 마음의 빗장도 열게 해준다. '강점 탐구'의 창시자인 데이빗 쿠퍼라이더 박사는 "긍정적인 질문을 할수록 더 효과적인 변화를 가져온다."고 한다.

"무엇이 문제입니까?" "도대체 이런 일이 왜 일어났지?" 라는 질문 대신 이렇게 묻는다.

"실적이 가장 높고 분위기도 좋았던 때는 언제입니까? 그때 우리는 무엇을 잘 했습니까?" "우리는 무엇을 다르게 할 수 있습니까?"

이렇게 강점에 초점을 맞춘 질문을 하면 더 적극적으로 아이디어를 찾는 노력을 한다.[10]

### 판을 깨는 질문 3. 마녀사냥식 질문

어떤 일이 실패하거나 문제가 생기면 간혹 원인보다는 비난할 사람을 찾는 데 초점이 맞추어지기도 한다. 특히 문제가 생긴 이유를 자신과 멀리 떨어진 데서 찾기 위해 노력한다. 이때 등장하는 질문이 '5 Whos' 질문이다. "그 문제는 누구의 책임이지?" "어느 부서의 책임이지?" "누가 제대로 못하고 있는 거야?"와 같은 질문들을 다섯 번 이상 하면서 희생양을 찾아내어 실패의 원인을 그 사람에게 돌린다. 이런 질문이 많이 오가면 사람들은 움츠러들고 어떻게 하면 책임에서 벗어날 수 있을까 하는 생각만 하게 된다. 새로운 생각을 하고 새로운 시도를 하려는 의욕은 점점 꺾인다.

"누구의 책임입니까?"라고 비난하고 책임을 추궁하는 질문 대신 이렇게 물으면 상황은 크게 바뀐다.
"이 문제를 예방하기 위해 우리가 무엇을 할 수 있을까요?"
"이 일의 성공을 위해 내가 무엇을 도와줄까요?"
이렇게 하면 사람들은 책임추궁을 당한다는 불안감 없이 어떻게 문제를 해결할지에 집중할 수 있다.[11]

### 판을 깨는 질문 4. 등을 떠미는 유도 질문

"이 방법을 왜 사용하지 않나요?" 와 같은 질문은 단순한 제안처럼 들릴지 모르지만 윗사람이 이런 질문을 하면 '유도 질문'이 된다. 유도 질문이란 자신의 답을 질문으로 포장하여 다른 사람들에게 은근히 강요하는 질문이다. 그러나 유도 질문에는 이미 답이 들어 있기 때문에 질문을 받는 사람은 그 답을 받아들여야 한다는 압박감을 느낀다.

유도 질문은 특히 질문자가 상대방보다 더 많은 파워를 가지고 있을 때 더 큰 영향을 미친다. 우월적인 파워를 가진 사람이 유도 질문을 던지면 상대방은 다른 의견을 내기가 무척 어렵다. 실제로 직장이나 학교에서 많은 사람들이 그렇게 느낀다. "이런 방법으로 하면 어때?" 라는 유도 질문은 슬며시 상대를 통제하는 한 형태이다. 그래서 유도 질문은 피해야 하며, 유도 질문을 하는 것보다는 차라리 그것에 대해 짧게라도 설명을 하는 것이 더 낫다.[12]

그러나 유도 질문이 항상 부적절한 것은 아니라고 말하는 사람도 있다. 유도 질문을 함으로써 상대가 무엇을 할 필요가 있는지 인식하도록 도울 수 있다는 것이다.[13] 하지만 이런 유도 질문은 아주 특별한 경우를 제외하고는 사용하지 않는 편이 더 낫다.

"왜 이 방법을 사용하지 않나요?"라는 질문 대신 이렇게 묻는다.
"당신은 무엇을 염두에 두고 있습니까?"
"이 이슈를 해결하는 데 어떤 방법들이 있나요? 그리고 각 방법의 장단점은 무엇입니까?"

이런 질문을 던지면 상대방은 자신의 생각에 따라 자유롭게 결정을 할 수 있다. 자신이 상대에게 조종당하거나 일방적으로 끌려 다닌다는 느낌을 갖지 않는다.

### 판을 깨는 질문 5. 가능성의 문을 닫는 질문

몇날 며칠의 고민 끝에 새로운 아이디어를 내서 제안을 했다. 그런데 상대방이 "그것은 이미 예전에 했다가 실패한 것 아닌가요? 효과가 없다고 판명 난 것 몰라요?"라고 반응을 한다.

다른 사람의 아이디어에 의문을 제기하지 말라는 뜻이 아니다. 그러나 이런 식의 질문은 모든 것을 이미 생각했고, 이미 한 번 시도를 해봤는데 작동하지 않았기 때문에 결코 다시 고려해서는 안 된다고 윽박지르는 것이다. 상대방은 모욕감을 느끼고 심지어 자신이 패자라는 생각까지 든다.

국내 화장품 회사의 부장들이 수행하는 프로젝트를 지도한 적이 있다. 그 당시 한 팀이 'N세대에 맞는 화장품 전략'을 제안했다. 같은 아이디어를 과거에도 몇 번 시도했지만 실패를 했다. 그럼에도 불구하고 CEO는 기꺼이 이 아이디어를 받아들였고 사업은 대박이 났다. 만일 그때 부장들의 제안에 대해 CEO가 "이미 했다가 망한 사업 아닙니까?"라고 질문을 했다면 그 사업은 성공하지 못했을 것이다.

사실 아이디어 자체가 잘못되어서가 아니라 타이밍이 좋지 않았거나 실행 과정이 매끄럽지 못해 실패했을 수도 있다. 따라서

"우리가 이미 해봤던 것 아닙니까?" 라는 질문 보다,
"우리가 지금 이것을 시도한다면 무엇을 다르게 할 수 있을까요? 그리고 결과가 어떻게 바뀔 수 있을까요?" 라고 묻는다.

이런 질문은 가능성의 문을 열어준다. 과거의 실패에서 새로운 기회를 얻을 수 있게 한다.

이 다섯 가지 질문의 공통점은 질문자가 상대를 비난하고 심판하고 자신의 답을 강요하려는 의도에서 질문을 한다는 것이다. 상대는 당신이 어떤 마인드에서 질문을 하는가를 귀신같이 알아차린다. 질문을 잘 하려면 나와 상대를 발전시키려는 마음가짐이 선행되어야 한다.

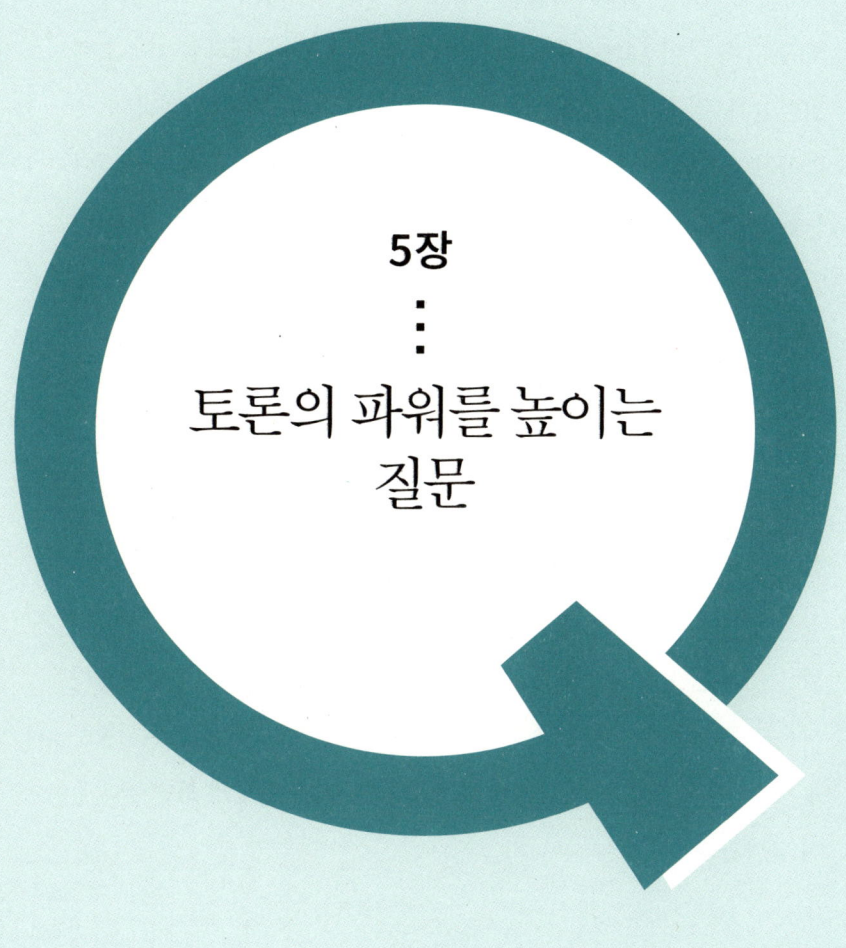

5장

토론의 파워를 높이는
질문

토론 능력이 점점 중요해지고 있다. 문제를 해결하거나 기회를 발견하기 위해 부서 내에서뿐만 아니라 부서 간에 혹은 대리점이나 고객, 협력업체, 정부 또는 다른 회사에 있는 사람들과 만날 기회가 더욱 많아진다. 이들과 토론을 얼마나 잘 하느냐에 따라 결과가 달라진다. 토론을 통해서 조각조각 흩어진 정보들을 찾아 맞추고 커다란 패턴이나 큰 흐름을 발견하게 된다. 또한 내가 맡고 있는 분야만 따로 잘라 내어 보는 것이 아니라 다른 분야들을 연결해서 총체적으로 보게 된다. 이런 능력이 바로 세계적 미래학자인 다니엘 핑크가 말하는 '하이 콘셉트 능력'이다.

토론의 질을 결정하는 것은 다름 아닌 질문이다. 얼마나 좋은 질문을 하느냐에 따라 토론을 죽일 수도 있고 살릴 수도 있다. 질문의 수준이 높으면 토론의 수준도 높아진다. 혁신의 그루 중 한 명인 MIT 대학의 할 그레거슨 교수도 토론을 질문 중심으로 바꾸어야 한다고 주장한다. 서술문을 사용하지 않고 오로지 질문만으로 토의를 해서 올바른 질문을 고른 후 이것에 대한 해결방안을 찾도록 한다. 이렇게 하면 결과물이 달라진다.

질문은 토론의 촉매제이다.

# 토론 업그레이드 질문

 어떻게 흥미진진하고 많은 것을 배우고 사고가 확장되는 멋진 토론을 할 수 있을까? 분명한 것은 이런 토론이 저절로 이루어지지 않는다는 것이다. 토론 시작 단계부터 종료 단계까지 어떻게 이끌어갈지 꼼꼼한 디자인이 필요하다. 그런데 토론 진행의 모든 단계는 질문으로 시작해서 질문으로 끝난다고 할 수 있을 정도로 질문이 핵심적인 역할을 한다. 토론 진행자가 어떤 질문을 하느냐에 따라 토론에 불이 당길 수도 있고 반대로 평범한 토론이 되기도 한다.

 토론 과정을 크게 3막으로 나눌 때 토론의 문을 여는 제1막에서는 토론 주제에 대해 관심을 불러일으키는 질문을 한다. 토론이 본격적으로 전개되는 제2막에서는 주제를 깊고 폭넓게 학습하도록 팔로업 질문을, 토론이 마무리되는 제3막에서는 토론 내용을 종합하고 새로운 주제로 옮겨가기 위한 질문들을 던진다.[1] 다음은 각 단계에서 사용하면 좋은 질문 예이다.

### 토론 제1막 질문 _ 흥미를 자극하는 질문으로 시작한다

토론을 시작할 때 보통 "이 사례에 어떤 상황이 제시되어 있습니까?"와 같은 질문을 던진다. 그러나 이 질문은 그냥 밋밋하게 상황을 설명하도록 요구하는 질문이다. 이것보다는 평가나 진단 또는 제안을 요청하는 질문으로 토론의 문을 열면 토론은 훨씬 더 흥미롭게 시작된다. 다음과 같은 질문들이 그 예이다.

평가 질문   "이 회사가 처한 상황이 얼마나 심각한가요?"
진단 질문   "이 회사의 CEO는 무엇 때문에 밤잠을 설치고 있나요?"
제안 질문   "이 사례에 제시된 제안 중 어떤 것을 택하겠습니까?"

### 토론 제2막 질문 _ 파고드는 팔로업 질문을 한다

토론 진행자의 질문에 참가자들이 답을 한 후 진행자가 이 답과 관련된 후속 질문을 하지 않으면 토론에 깊이가 없어진다. 단발성 질문만 하면 참가자들의 사고도 확장될 수 없다. 다음과 같은 후속 질문을 사용할 수 있다.

**탐색 질문** 보다 깊이 있는 분석을 위해 탐색 질문을 한다. 다음은 일반적으로 활용할 수 있는 탐색 질문들이다.

"그것이 왜 중요한가요?"
"어떤 과정을 거쳐서 그런 결론을 내렸는지 설명해 주시겠습니까?"
"당신은 그 데이터를 어떻게 해석했나요?"

**가정과 판단 기준 탐색 질문** 가정과 판단 기준을 탐색하는 질문으로도 심층적인 분석이 가능하다. 판단 기준이란 결정을 내릴 때 사용하는 기준으로 판단 기준이 명확하지 않으면 올바른 결정을 내릴 수 없다.

"이 주장과 관련하여 어떤 가정을 하고 있나요?"
"가정을 달리 한다면 당신의 결론이나 제안이 어떻게 바뀔까요?"
"이 아이디어의 장점과 단점은 무엇인가요?"

**참여 확대 질문** 토론은 혼자서 하는 것이 아니다. 다른 사람들의 의견에 살을 붙이고 그 아이디어에 편승해서 새로운 지식을 얻는다. 마치

고구마 줄기처럼 의견에 의견을 덧붙이면서 토론에 살이 붙는다. 따라서 토론 진행 시 가능하면 많은 사람들을 참여시킬 수 있는 질문을 해야 한다.

"이 의견에 대해 어떻게 생각하나요?"
"어떤 우려 사항이 있나요?"
"다른 의견을 가진 사람이 있나요?"
"우리가 생각하지 않은 다른 관점들이 있나요?"

때로는 집요하다 싶을 정도로 질문을 계속 던져 파고들어야 한다. 그러나 토론을 이끌 때 진행자가 토론에 지나치게 개입을 해서 자신이 토론의 센터가 되어서는 안 된다. 토론의 중심에는 늘 참가자들이 있어야 한다.

### 토론 제3막 질문 _ 질문으로 마무리한다

현재의 주제에 대한 토론을 마무리하고 다음 주제로 넘어갈 때도 질문을 사용한다. 토론에서 얻은 학습 내용들을 성찰하고 통합할 수 있는 질문을 하고 새로운 주제로 넘어가는 것이다.

"토론을 통해 이 주제에 대한 생각이 어떻게 바뀌었나요?"

"토론 결과 중에서 가장 중요한 것은 무엇인가요?"

"이 사례에서 학습한 것을 어디에 적용할 것입니까?"

이 단계별 토론 질문들은 토론을 더 체계적으로 진행하는 데 도움이 된다. 이 질문들로 토론을 업그레이드할 수 있을 것이다.

# 질문 퍼실리테이션으로
# 문제 상황을 푼다

토론을 하다 보면 여러 문제들이 발생해서 성과를 방해한다. 나의 경험을 봐도 평범한 사람들이 모여 아주 뛰어난 성과를 만들어 내는 경우가 있고, 반대로 뛰어난 사람들이 모인 그룹인데도 형편없는 성과를 내는 경우도 있다. 그런데 이런 성과의 차이를 만들어 내는 주요 요인 중 하나는 토론을 방해하는 문제들을 어떻게 다루어가느냐이다.

토론 중에 방해 행동들이 발생하면 토론 진행자는 이 문제를 부드럽게 해결해서 토론이 생산적으로 이루어지게 해야 한다. 이런 행동에 진행자가 강압적이고 직설적으로 대응하면 참가자들은 수치심을 느끼고 토론 분위기도 급속히 가라앉기 때문이다. 방해 행동을 자연스럽게 해결하는 데 효과적인 방법은 질문을 활용하는 것이다.

어떤 상황에서든 토론을 할 때 가장 빈번하게 발생하는 문제들과 이 문제들을 해결하는 데 활용할 수 있는 질문 퍼실리테이션 팁을 소개한다.


## 문제 상황 1 _ 어색한 침묵이 흐른다

질문 방법을 강의할 때 단골 메뉴로 등장하는 이슈가 있다. 질문을 던져도 응답이 나오지 않는다는 것이다. 예를 들어, 사례를 읽은 후 토론을 하도록 "이 사례에서 제일 먼저 떠오르는 키워드는 무엇입니까?"라고 질문을 한다. 그러나 다들 묵묵부답이어서 토의가 제대로 이루어지지 않는다. 이런 상황을 해결하기 위해 다음 질문을 할 수 있다.

- 토론의 운영 규칙을 떠올려 볼까요? (보통 토론의 운영 규칙을 보면 "전원이 참여한다."라는 내용이 들어 있다. 만일 토론 운영 규칙이 없으면 새로 정한다.) 우리가 토론 운영 규칙을 잘 지키려면 무엇을 해야 할까요? 먼저 이렇게 간접적으로 접근한다.

- 2~3명씩 소그룹으로 나눠서 토론을 해 볼까요? (그리고 소그룹별로 발표한다.) 응답을 하지 않는 데는 답이 틀리지 않을까 하는 부담감, 수줍음 등 여러 이유들이 있다. 소그룹으로 토의와 발표를 하면 이런 부담감이 줄어들기 때문에 의외로 활기차게 참여하는 모습을

볼 수 있다.

- 여러분은 현재 어떤 느낌입니까? 라는 질문으로 감정을 터취하여 분위기를 잡은 후에 토론을 계속 한다.

### 문제 상황 2 _ 빅 마우스가 판친다

토론을 할 때 종종 일부 멤버가 토론을 독점하고 나머지는 입을 다물고 있는 상황이 발생한다. 흔히 '빅 마우스(Big mouth)'라고 하는 멤버 한두 명이 너무 자주 발언을 하거나, 다른 사람들의 말이 끝나게 놔두지를 않는다. 이런 상황에서는 다음 질문이 효과적이다.

- 우리가 토론을 잘 하고 있는지 잠시 체크해 볼까요? 한 사람씩 돌아가면서 잘 하고 있으면 Ok, 잘 못하고 있으면 Not Ok 라고 이야기해 주세요. (그 다음 그렇게 반응한 이유를 묻는다.) 왜 Ok 라고 했죠? 왜 Not Ok 라고 했죠?

- 모든 멤버가 토론에 참여하고 있나요? 모두가 참여할 수 있도록 무엇을 다르게 할 수 있을까요? 모든 멤버의 의견을 듣기 위해 한 사람씩 돌아가며 의견을 얘기할까요?

### 문제 상황 3 _ 탈선, 주제에서 벗어난다

토론을 하다 보면 어느새 주제에서 벗어나 잡담을 하는 모습을 자주 본다. 이런 분위기에서는 깊이 있는 토론이 이루어지기 어렵다. 토론 주제와 상관없는 이야기들이 이어지다 보면 초점을 잃게 된다. 이런 상황을 해결하기 위해 다음 질문을 사용할 수 있다.

- 지금 이야기하고 있는 것이 토론 주제와 어떤 관련성이 있나요? 우리가 토론한 내용의 질은 어떤가요?

- (여러 그룹으로 나누어서 토론을 하는 경우 관찰을 하면서 토론이 가장 심층적으로 일어나고 있는 그룹에게 토론 진행 상황을 발표해 달라고 요청한다.) 지금까지 토의한 것을 발표해 주시겠습니까? 내 경험상 이 질문은 다른 그룹에게 토론 수준을 높이도록 자극을 준다.

### 문제 상황 4 _ 장황하고 복잡한 말, 지루함을 더한다

어떤 경우에는 참가자가 의견을 내기는 하는데 너무 장황하거나 어렵게 말을 해서 무엇을 말하고자 하는지 이해하기 어려운 때도 있다. 이런 상황에서 계속 말을 하도록 허용하면 토론이 지루해진다. 길고 복잡한 설명을 듣느라 시간을 많이 보내는 대신 이렇게 묻는다.

### 장황하게 말할 때
- 여러 이슈들을 제기하고 있는데 먼저 A에 초점을 맞추면 어떨까요?
- 한 문장으로 질문을 만들어 보면 어떨까요?
- 한 마디로 무슨 의미인가요?

### 어렵게 말할 때
- 한 번에 하나씩 나누어서 이야기해 볼까요?
- 이 분야를 잘 모르는 사람도 알 수 있도록 쉽게 말해 볼까요?
- 내가 제대로 이해하고 있는지 확인해 볼게요. B라고 말한 게 맞나요?

## 문제 상황 5 _ 허우적거리기, 방향을 못 잡는다

멤버들은 자신들이 할 일과 역할을 이해하려고 하지만 토론은 시작부터 삐걱거린다. 빙빙 겉도는 토론에 결정도 미루어진다. 멤버들은 아무런 진척도 이루지 못하고 허우적거리고 있다. 이때 무슨 질문을 해야 할까?

- 내가 이해하기로는 우리는 …을 달성하려는 거지요? 모두 동의합니까?
- 우리가 앞으로 나아가는 데 도움이 되는 것은 무엇일까요? 구체적으로 어떤 데이터와 지원들이 필요합니까?
- 잠시 동안 우리가 지금보다 더 잘 하기 위해 어떻게 할 것인지, 다음에 무엇을 해야 하는지 등에 대해 이야기하면 어떨까요?

### 문제 상황 6 _ 불화, 서로 반목한다

때때로 주제와 관련 없는 갈등이 토론을 가로막는다. 주제에 대한 건설적인 갈등은 바람직하지만 주제와 관련 없는 개인 간의 감정적 갈등은 그룹의 활동을 크게 해친다. 가장 해결하기 어려운 것 중 하나가 이런 갈등이다. 이 상황에서 어떤 질문을 해야 할까?

- 민수씨가 말하고 있는 것은 … 지요? 그것이 우리 주제와 어떻게 관련이 있나요?
- 이것에 너무 많은 시간을 보낸다면 우리는 토론을 마무리할 수 없어요. 시간이 제한되어 있다는 것과 앞으로 나아가야 한다는 것에 모두 동의하나요?

이외 많은 문제 상황이 있는데 직접적인 명령 대신 이렇게 질문을 통해 개입하면 부드럽게 개입할 수 있다. 그에 따라 참가자들은 심리적 부담을 훨씬 덜 느끼면서 스스로 문제를 해결할 수 있다. 질문으로 개입할 때 상대가 수치심을 느끼지 않도록 정중하게 해야 한다는 점도 잊지 말아야 한다.

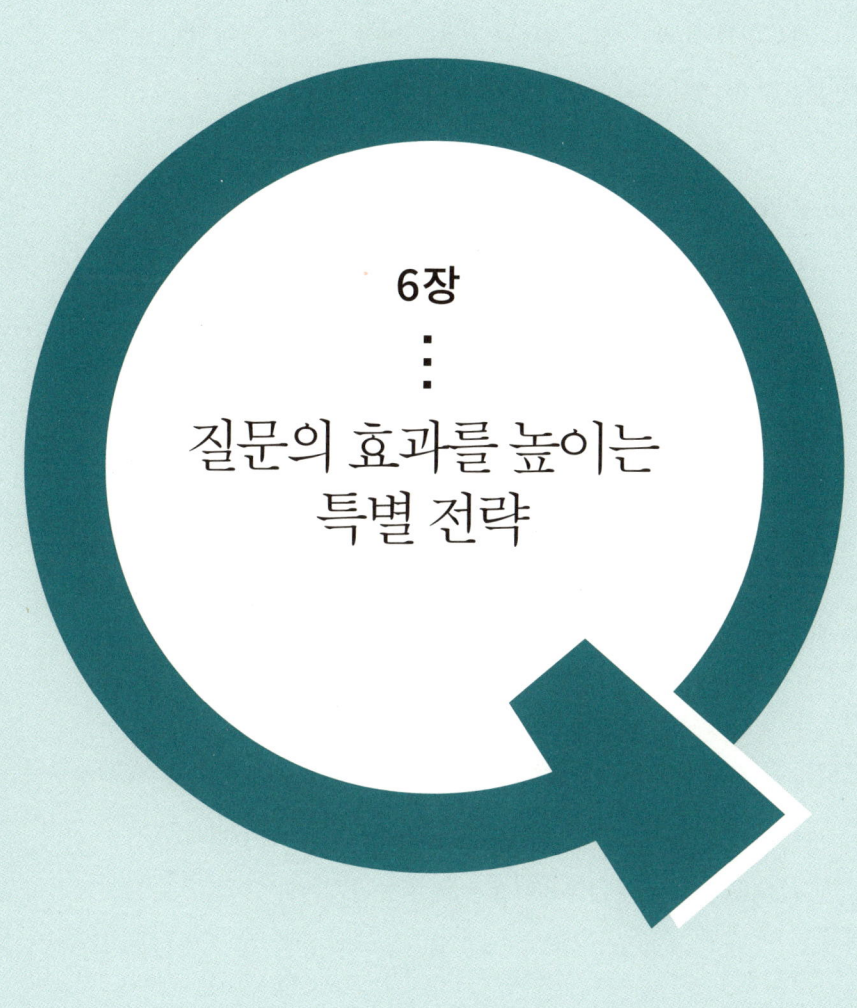

6장

질문의 효과를 높이는
특별 전략

파트너를 정해서 서로 자신의 가장 긴박한 문제에 대해 대화를 한다. 그런데 한 가지 원칙이 있다. 다음 질문만 사용해야 한다.

- 뭐가 문제입니까?
- 근본 원인은 무엇입니까?
- 그렇게 된 게 누구 잘못입니까?
- 아무 소용없는 시도를 얼마나 했습니까?
- 왜 아직 문제를 해결할 수 없었습니까?

대화가 끝난 후 서로 감사의 말을 하고 다시 대화를 시작한다. 이번에는 다음 질문을 사용하여 대화를 한다.

- 당신이 바라는 모습은 어떤 것입니까?
- 당신이 과거에 성공한 경험을 여기에 어떻게 접목할 수 있습니까?
- 작지만 큰 차이를 만들어 낼 수 있는 액션은 무엇입니까?
- 지금까지 이 대화에서 무엇을 배우고 있습니까?

이제 대화를 모두 마치고 첫 번째 대화와 두 번째 대화를 비교해 본다. 두 대화에서 느낌이 어떻게 다른가?[1]

사람들은 두 번째 대화에서 훨씬 많은 에너지를 얻는다고 답한다. 두 번째 대화의 질문이 첫 번째에 비해 미래지향적이고 해결에 초점을 맞추고 있기 때문이다.

질문하는 방법에 따라 그 효과가 이렇게 크게 달라진다.

# 디딤돌 전략을 활용한다

첫 질문을 던졌는데 답을 하는 사람이 한 명도 없다. 곧이어 강의실에는 침묵이 흐르고 분위기는 싸해진다. 질문을 한 사람도, 질문을 받은 사람도 무척 당황스럽다. 이런 상황이 발생한 이유는 질문이 너무 어려웠기 때문이다. 내가 만난 한 의대생은 교수가 처음부터 어려운 질문을 던지면 수업에 대한 흥미가 급격히 떨어지고 좌절감만 생긴다고 말했다.

이 의대생의 말처럼, 강의나 대화 시 처음부터 어려운 질문을 던지면 상대방은 답을 하기가 매우 어렵다. 복잡한 질문에 답을 하려면 뇌에 저장된 여러 지식들을 탐색하고 그 지식들을 연결하는 등의 활동이 필요하기 때문에 시간이 많이 걸린다. 뇌가 워밍업도 되지 않은 상태에서 갑자기 복잡한 질문을 받게 되면 멍해질 뿐이다. 이 학생은 이런 상황을 해결하는 방법으로 "질문을 할 때는 아주 쉬운 질문부터 던지세요."라고 조언을 했다.

질문의 효과를 높이는 한 가지 전략은 이렇게 높은 곳에 오를 수 있도록 디딤돌을 놓아 주는 것이다. '동기부여'를 다루는 강의에서 어려운 질문을 하기 전에 "동기부여라고 하면 무엇이 떠오르나요?"와 같이 모든 참가자들이 답할 수 있는 질문을 던진다. 이렇게 쉬운 질문에서 시작하여 어려운 질문으로 옮겨 가면 질문을 받은 사람은 자신감이 생겨 점점 더 깊은 탐색을 하게 된다.

질문의 순서를 정할 때 다음 사항들을 고려할 수 있다.

### 고려 사항 1. 사건의 발생 순서

질문을 할 때 사건이 일어난 순서대로 질문을 하면 답을 하기가 훨씬 수월해진다. 예를 들어, 책을 읽은 후에 다음과 같이 질문을 던진다.

"첫 장의 주요 내용은 무엇인가?"
"두 번째 장의 주요 내용은 무엇인가?"
"세 번째 장의 주요 내용은 무엇인가?"
"첫 장부터 셋째 장까지의 내용을 종합해 보면 핵심 아이디어는 무엇인가?"

이렇게 순서대로 질문을 하지 않고 바로 "첫 장부터 셋째 장까지의 내용을 모두 종합해 보면 핵심 아이디어는 무엇인가?"라고 질문을 하면 침묵이 흐르거나 부실한 답변을 얻게 된다. 준비가 되어 있지 않기 때문이다.

### 고려 사항 2. 단순한 질문에서 복잡한 질문으로

단순한 질문으로 시작해서 점점 복잡한 질문으로 옮겨 간다. 처음에는 간단하게 답을 하면 되는 질문을 던지고 점차 여러 가지 답이 필요한 질문을 하는 것이다.

가령 "4차 산업혁명의 시대에 리더에게는 어떤 능력이 중요할까요?"라고 바로 질문을 하는 대신 단순한 질문부터 던져서 차근차근 이 질문의 답에 접근할 수 있도록 한다.

"4차 산업혁명이라고 하면 어떤 키워드가 떠오르나요?"
"일하는 방식에는 어떤 변화들이 있을까요?"
"직원들의 사고방식은 지금과 어떻게 다를까요?
"리더는 어떤 역할을 해야 할까요?"

그후 이 질문을 하면 더 좋은 답변을 얻을 수 있다.

### 고려 사항 3. 일반적 질문에서 구체적 질문으로

그 밖에 범위가 넓은 일반적인 질문에서 초점이 맞추어진 구체적인 질문으로 나아가는 것도 좋은 방법이다. "어떻게 하면 사람들이 즐거운 마음으로 일할 수 있을까?"와 같이 다소 일반적인 질문을 먼저 던져서 의견을 들어 본다. "칭찬을 많이 받는다," "다른 사람들과 협력이 잘 이루어져서 어려운 과제를 완료한다." 등의 의견들이 나온 후 좀 더 범위를 좁혀서 물어 본다. "칭찬이 왜 그렇게 효과가 있다고 생각하나요?" "칭찬의 부작용은 없을까요?"와 같이 구체적으로 초점을 맞추어 묻는 것이다. 앞의 질문에서 어떤 방법들이 가능한지를 얘기했기 때문에 뒤의 질문에 답을 하기는 더 쉬워진다.

이렇게 질문의 수준을 점차로 높이면 즉흥적인 답이 아니라 성찰을 통해 풍부하고 더 창의적인 답을 하게 된다. 또한 질문에 대한 자신감도 덩달아 올라간다.

# 질문 선택의 순간

질문을 던지는 방식이 상대의 답변 방식을 결정한다. 같은 질문도 어떤 식으로 하는가에 따라 그 효과가 달라진다. 그래서 어떤 식으로 질문을 할지 늘 선택의 기로에 선다. 질문 선택의 순간에 고려할 세 가지 포인트를 보자.

### 결정 포인트 1. 질문만? 설명도?

첫 번째 포인트는 질문만 해도 상대가 그 질문을 이해할까? 아니면 질문에 대해 설명을 해주어야 제대로 이해할까? 를 결정하는 것이다.

질문을 할 때 그 질문의 배경을 설명해 주지 않아서 상대가 엉뚱한 답을 하거나 답을 하는 데 어려움을 겪는 경우가 종종 있다. 반대로 구태여 필요 없는 설명을 길게 한 다음에 질문을 한다. 더 심한 경우에는 설명에 이미 답이 숨어 있다. 열심히 설명을 하고 끝에만 '~까?'를 붙인다.

질문을 잘 하는 사람은 질문만 할 것인지 아니면 질문에 대한 설명을 어느 정도 곁들여야 할지 판단을 잘 한다.

설명이 필요할 때는 "경청을 잘 하는 사람들은 어떤 특징을 갖고 있습니까?" (질문)라는 질문을 던진 후 "여러분이 회사를 다니면서 만났던 사람들이 주로 어떤 행동을 보이는지를 중심으로 의견을 말해 주십시오." (설명)라는 식으로 간단히 설명을 하면 된다.

반면에 질문 자체가 이미 명확해서 더 이상의 설명이 필요하지 않은데 설명을 하면 지루해진다. 또한 설명이 생각의 범위를 너무 좁혀서 상상력을 제한해 버린다. 상대의 입장에서 '이 질문으로 충분히 이해할까?' 라고 물어 보고 '예'라는 답이 나오면 구태여 설명은 필요 없다.


### 결정 포인트 2. 열린 질문?, 닫힌 질문?

두 번째 포인트는 열린 질문을 사용할지, 또는 닫힌 질문을 사용할지를 결정하는 것이다. 열린 질문이란 다양한 답이 나올 수 있는 질문이다. 반면에 닫힌 질문은 예, 아니오의 답이나 한 두 단어의 짧은 응답을 요청하는 질문이다.

두 질문 모두 나름의 자리가 있기 때문에 상황에 맞게 써야 한다. 열린 질문은 다양한 의견을 듣고자 할 때, 깊게 생각할 필요가 있을 때, 자유롭게 생각할 여지를 주고자 할 때, 또는 토론을 시작할 때 사용할 수 있다. 반면에 닫힌 질문은 의견을 명확하게 확인할 필요가 있을 때, 사실이 무엇인지 듣고자 할 때, 토론이나 대화 시 명확화나 결론을 내릴 때 사용하면 좋다.

예를 들어, "높은 목표를 갖는 것이 업무 성과를 향상시키는 데 왜 중요할까요?"와 같이 다양한 답이 나올 수 있는 열린 질문을 던지면 토론이 활성화된다. 만일 처음부터 "A가 B보다 더 중요한가요?"와 같이 닫힌 질문을 한다면 다양한 아이디어가 나오지도 못한 채 토론은 막을 내릴 것이다. 반대로 열린 질문만 계속 던지면 결론을 내리지 못한 채 토론이 끝나 버릴 수 있다.

하버드 의대 교수인 제롬 그루프먼 교수는 <닥터스 씽킹>에서 열린 질문과 닫힌 질문의 사용에 대해 다음과 같이 말한다.[2]

"가야 할 방향이 명확한 경우에는 닫힌 질문이 가장 효과적이다. 그러나 상황 판단에 자신이 없는 경우에는 닫힌 질문이 오히려 나쁜 영향을 끼친다. 그런 경우에 닫힌 질문을 하는 순간 아마도 돌이킬 수 없는 잘못된 방향으로 들어설 것이다. 반면에 열린 질문을 통해 의사들은 새로운 정보를 습득할 기회를 많이 얻을 수 있다. 그렇다면 열린 질문이 성공하려면 꼭 필요한 것은 무엇일까? 의사가 환자의 말을 듣고 싶어 한다고 환자가 느끼는 것이다. 그러면 환자는 자신의 이야기를 통해 의사가 미처 생각하지 못했을 수도 있는 단서를 제공한다."

열린 질문을 할 때도 진정으로 관심 있는 태도로 물으면 훨씬 더 좋은 답을 얻을 수 있다는 것을 알 수 있다.

### 결정 포인트 3. 맞춤 질문을 할 것인가?

어떤 주제나 아이디어에 대해 개인이 찬성하는지 반대하는지 등 가치 판단이 필요한 의견을 묻는가, 아니면 개인의 가치 판단이 들어가지 않는 일반적 의견을 묻느냐에 따라 결과가 달라질 수 있다. "인공지능으로 사람을 대치하는 것에 찬성하나요, 반대하나요?"와 같이 개인의 가치 판단을 묻는 질문을 하면 대화는 가열된다. 자신에 관해 이야기를 할 때 흥미가 훨씬 더 커지기 때문이다. 반면에 "인공지능이 발전하면 어느 산업 분야에 가장 큰 영향을 미칠까요?"와 같이 일반적인 질문을 하면 토의의 열기는 상대적으로 줄어든다. 따라서 토론을 보다 가열시킬 필요가 있을 때는 개인의 의견을 묻는 질문을, 토론의 열기를 식혀야 할 때는 일반적인 의견을 묻는 질문을 한다.[3]

# 사고 루틴으로 질문한다

　상대가 어떤 생각을 하는지 알 수 있다면 더 수준 높은 생각을 하도록 도울 수 있다. 가령 학생들이 주제를 얼마나 이해하고 있는지를 알면 그들이 더 깊게 이해하도록 도울 수 있다. 그런데 생각은 머릿속에서 이루어지기 때문에 직접 들여다 볼 수는 없다. 대신 생각을 밖으로 드러내게 할 수는 있다.

　이를 위해 하버드는 '사고 루틴(Thinking Routine)'이라는 툴을 개발했다. '사고 루틴'은 생각을 눈으로 볼 수 있게 하는 틀 또는 프레임워크로, 질문들로 구성된다. 사고 루틴에서 사용되는 질문들을 활용한다면 생각을 표출하는 데 도움이 되는 좋은 질문들을 만들 수 있다.

## 질문을 돕는 사고 루틴들

하버드 교육대학원의 프로젝트 제로(Project Zero) 연구소는 수십 개의 사고 루틴을 개발했다. 대표적인 사고 루틴들은 다음과 같다.[4]

### 사고 루틴 1 _ 이해 맵

교육에서 흔히 제기되는 어려움은 강의실에서 학습한 내용이 실제 상황에 쉽게 적용되지 않는다는 것이다. 새로운 개념이나 스킬을 학습할 때는 다 이해한 것 같았는데 막상 사용하려고 하면 잘 되지 않는다. 다중지능이론으로 잘 알려진 하버드 심리학과의 하워드 가드너 교수에 따르면 물리학과 학생들의 경우, 수업 시간에 문제를 풀 때나 시험을 볼 때는 좋은 성적을 냈지만 강의실 밖에서는 쉬운 현상조차 수업 중에 배운 물리학 이론을 사용하여 설명하는 데 어려움을 겪었다.[5] 그 이유는 제대로 이해를 하지 못했기 때문이다.

어떤 주제를 제대로 이해했는가를 판단하기 위해 '이해 맵'을 사용할 수 있다. '이해 맵'이란 특정 주제를 8가지 측면에서 들여다 보도록 그림으로 표현한 것이다. 이 8가지 측면에서 다음과 같은 질문을 던진다.

**1. 증거에 기반한 추론** 왜 그렇게 생각합니까?
**2. 연결하기** 이것은 당신이 이미 알고 있는 것과 어떤 연관성이 있습

니까?
3. **복잡성 파악**  겉으로 드러난 것 이외에 이 이면에는 무엇이 더 있습니까?
4. **핵심 파악**  이것의 핵심은 무엇입니까?
5. **설명하기**  여기에서 실제로 무슨 일이 일어나고 있습니까?
6. **기술하기**  무엇을 보고, 알아차렸습니까?
7. **궁금증 갖기**  여기서 궁금한 점은 무엇입니까?
8. **다른 관점 고려하기**  이것에 대한 다른 관점들은 무엇입니까?

만일 핵심 개념은 파악했는데 이것을 명확히 설명할 수 없다면 제대로 이해를 하지 못한 것이다. 새로운 개념을 학습한 후 이 8가지 요소와 관련된 질문을 하고 답을 했다면 그 개념을 '이해'했다고 말할 수 있다. 미흡한 부분이 있으면 이 부분에 대해 더 탐색을 한다.

이해 맵 작성 시 대개 표면에서 시작해서 안으로 이동하면서 질문을 하는 것이 좋다. 과일로 비유하면 '껍질'로 시작하여 '껍질 속'으로 이동한 다음 '과육'과 '씨앗' 쪽으로 이동하는 것이다.

예를 들어, 동기부여 방법과 관련하여 하버드대의 테레사 아마빌 교수가 쓴 <작은 성공의 힘>을 제대로 이해했는지 확인하기 위해 이해 맵에 따라 다음 질문들을 만들 수 있다.

## 이해 맵 예시

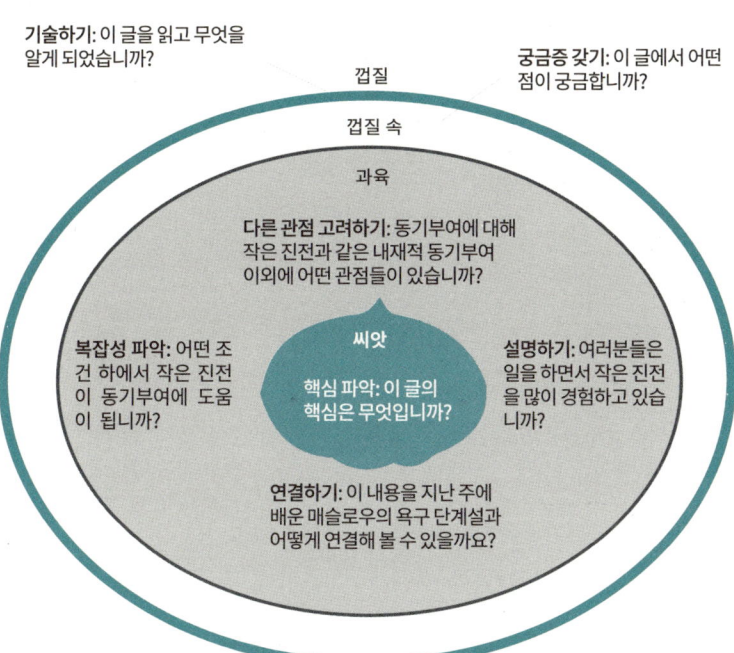

기술하기: 이 글을 읽고 무엇을 알게 되었습니까?

궁금증 갖기: 이 글에서 어떤 점이 궁금합니까?

껍질

껍질 속

과육

다른 관점 고려하기: 동기부여에 대해 작은 진전과 같은 내재적 동기부여 이외에 어떤 관점들이 있습니까?

복잡성 파악: 어떤 조건 하에서 작은 진전이 동기부여에 도움이 됩니까?

씨앗

핵심 파악: 이 글의 핵심은 무엇입니까?

설명하기: 여러분들은 일을 하면서 작은 진전을 많이 경험하고 있습니까?

연결하기: 이 내용을 지난 주에 배운 매슬로우의 욕구 단계설과 어떻게 연결해 볼 수 있을까요?

증거에 기반한 추론: 작은 진전이 동기부여에 중요하다고 말했는데 그 근거는 무엇입니까?

## 사고 루틴 2 _ 컴퍼스 포인트

이 사고 루틴은 어떤 의견이나 아이디어의 다양한 측면들을 탐구하는 데 도움이 된다. 이 루틴은 주제와 관련하여 '흥미로운 점', '걱정되는 점', '필요한 정보', '입장'에 대한 질문을 던지고 탐색한다. 컴퍼스 포인트(Compass Points)라 부르는 이유는 첫 글자가 나침반의 동서남북(E-W-N-S) 방향과 같기 때문이다.

먼저 어떤 주제에 대해 생각해 본다. 그런 후 다음 질문을 한다.

**흥미(E- Excitements)** 주제의 어떤 면이 당신을 들뜨게 하는가? 긍정적인 면은 무엇인가?

**걱정거리(W- Worries)** 주제에 대해 우려 사항은 무엇인가? 단점은 무엇인가?

**필요(N- Needs)** 이 주제와 관련하여 그 밖에 무엇을 알아야 하는가? 어떤 추가 정보가 필요한가?

**입장, 단계 또는 제안(S- Stance, Step, Suggestion)** 주제에 대한 당신의 현재 입장은 무엇인가? 그 주제에 대한 이해를 늘리기 위해 무엇을 해야 할까? 이 시점에서 어떤 제안이 있는가?

다음 예시는 컴퍼스 포인트 루틴에 따라 교사가 '행복'에 대해 던진 질문들이다. 답을 보면 학생들이 행복에 대해 어떤 생각을 하는지 알 수 있다. 만일 학생들이 행복에 대해 깊이 있는 이해가 없거나 잘못된 생각을 갖고 있다면 이 루틴을 활용하여 행복을 체계적이고 폭넓게 탐색하도록 도움을 줄 수 있다.

### 컴퍼스 포인트 예시: 행복 수업

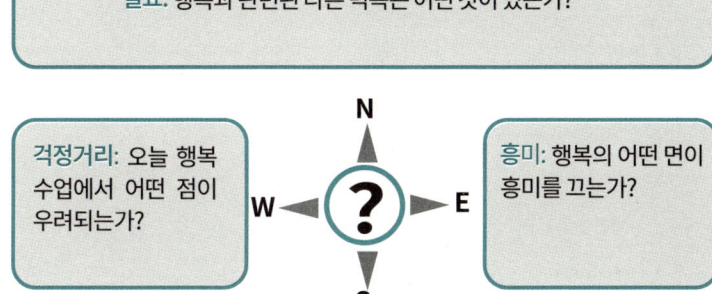

### 사고 루틴 3 _ 연결 - 확장 - 챌린지

새로운 아이디어를 기존의 지식과 연결하는 루틴이다. 기존에 알고 있는 것과 연결하고, 생각을 확장하고, 도전할 수 있는 질문을 한다.

**연결(Connect)** 이 아이디어는 이미 알고 있는 것과 어떻게 연결되어 있는가?
**확장(Extend)** 새로운 방향으로 생각하도록 만든 아이디어가 있는가? 그 아이디어는 무엇인가?
**도전(Challenge)** 이 아이디어에서 아직까지 의문이 남아 있거나 혼란스러운 것은 무엇인가? 지금 어떤 점이 궁금한가?

사고 루틴을 활용하면 다양한 관점에서 좋은 질문들을 만들 수 있다. 상황에 맞춰 루틴을 고른 후 그 루틴에 따라 질문을 한다면 더 수준 높고 폭넓은 사고를 하도록 도울 수 있다.

# 성찰 질문,
# 성장의 발판을 놓는다

일을 할 때 데드라인에 쫓기는 경우가 많다. 이때 보통의 해결 방안은 더 열심히 하는 것이다. 그러나 더 열심히 하는 것만이 최선의 방안일까? 다음 두 유형의 사람을 보자.

첫째 유형은 '돌쇠형'이다. 퇴근 시간까지 정신없이 일을 한다. 그러고도 아직 할 일이 남아 있지만 가능하면 야근을 못하게 하는 회사 정책 때문에 컴퓨터를 급히 끄고 집으로 향한다.

둘째 유형은 '성찰형'이다. 돌쇠형과 마찬가지로 열심히 일을 하는데 한 가지 다른 점이 있다. 퇴근 15분 전에는 하던 일을 멈추고 그날 했던 일을 떠올리며 '성찰 일지'를 쓴다. 성찰 일지에 '오늘 내가 잘 한 일은 무엇인가?' 와 같은 질문을 스스로 던지며 자신이 그날 무엇을 이루어 냈는지를 적는다. 돌쇠형 상사의 눈에는 이 '성찰형' 직원이 하루에 15분 동안 일을 적게 하고 그래서 생산성도 떨어지는 사람으로 보인다.

정말 성찰형 직원이 돌쇠형에 비해 생산성이 떨어질까?

하버드 경영대학원의 프란체스카 지노 교수는 한 회사의 직원들을 대상으로 연구를 했다. 하루 일과가 끝날 무렵 15분 동안 "오늘 무엇을 잘 했는가?" "오늘 무엇을 배웠는가?" 등에 대해 글을 쓰게 했다. 이 활동은 10일간 계속되었다. 그 후 이 '성찰 일지를 쓴 그룹'의 성과를 15분간 성찰 활동 없이 계속 일을 한 직원들과 비교해 보았더니 이 그룹이 22.8 퍼센트나 높은 업무수행 수준을 보였다. 한 걸음 더 나아가 15분간 성찰 일지를 쓴 후 5분 동안 동료들과 성찰 내용을 공유하면 성과가 조금 더 좋았다. 이 그룹은 일을 계속한 직원들보다 무려 25 퍼센트 높은 업무수행 수준을 보인 것이다.[6]

왜 성찰 일지 그룹의 업무수행 수준이 더 높았을까? 사람은 자신이 이룬 것을 돌아보면 기분이 좋아지고 이 긍정적인 감정으로 인해 더 동기부여가 되고 결과적으로 성과는 더 높아진다. 또한 자신이 개선할 사항을 돌아보고 이것을 업무에 반영하게 된다.

### 사람을 키우는 성찰

지노 교수는 성찰을 할 때 글로 적는 것이 중요하다고 강조한다. 그는 "단순히 머릿속으로만 생각해서는 충분하지 않다. 직접 써야 한다.

종이에 자신의 생각을 적는 것은 무엇이 중요한가를 시각화하는 데 도움을 준다."라고 말한다.

더 나아가 성찰 내용을 동료들과 공유하면 더욱 좋다. 동료들과 공유를 통해 자신이 미처 생각하지 못 했던 점들을 알게 된다.

최고의 성과를 내는 기업 중 하나인 구글도 성찰을 중시한다. 성찰하는 습관이 여러 경영 관행에 깊게 스며들어 있는 것을 볼 수 있다. 회의를 할 때는 언제나 '우리는 무엇을 배웠는가?'에 대한 토의를 회의의 중요한 부분으로 포함시킨다. 이 질문에 대한 토의를 통해서 서로 성장할 수 있는 기회를 만들어준다.

이 성찰 방법은 회사에서만 사용할 수 있는 것이 아니다. 지노 교수는 이 방법을 자신의 수업에 활용해서 큰 성과를 얻고 있다고 말한다. 수업이 끝날 무렵 잠시 성찰 시간을 갖고 그날 수업에서 나온 학생들의 코멘트는 무엇인지, 자신이 제기한 포인트는 무엇인지에 대해 잠시 토론을 한다. 그리고 여기서 얻은 인사이트를 다음 수업에 반영한다.

### 하버드가 자랑하는 1분 페이퍼 성찰 질문

하버드에서는 성찰을 돕기 위해 '1분 페이퍼(OMP, One-Minute Paper technique)' 방법을 사용한다.

'1분 페이퍼' 방법이란 강의가 끝날 무렵 참가자들에게 질문을 주고 1, 2분 동안 답변을 쓰게 하는 것이다. 의견을 자유롭게 낼 수 있도록 무기명으로 의견을 기술한 후 강의실을 나가면서 준비된 상자에 넣도록 한다.[7]

다음은 1분 페이퍼에 사용하는 기본적인 질문이다.

**OMP 질문 1** 오늘 학습한 것 중에서 중요한 포인트는 무엇입니까?
**OMP 질문 2** 강의 중에 어떤 질문들이 떠올랐습니까?
**OMP 질문 3** 자신이 갖고 있던 질문 중 대답을 얻지 못한 것은 무엇입니까?

'1분 페이퍼' 방법은 참가자들에게 여러 가지 이점을 제공한다. 1분 페이퍼를 쓰면서 그날 강의나 토론의 핵심 사항이 무엇인지 정리가 된다. 또한 1분 페이퍼에 의견을 쓴다는 생각에 내용에 대한 궁금증이 더 늘어나게 된다. 1분 페이퍼에 기술한 관심사항을 정리하여 다음 시간에 설명해 주면 참가자들은 더 많은 흥미를 느끼게 된다.

'1분 페이퍼' 방법을 사용하면 교수자도 참가자들의 관심사항을 더 빨리, 더 자세히 파악할 수 있다. 참가자들의 응답을 보면서 다음 시간에 무엇을 바꿀지, 무엇을 더 준비해야 하는지를 알 수 있다.

# 나만의 질문 포트폴리오를
# 준비한다

 기업이나 학교에서 질문 방법을 강의할 때 종종 강의 시작 시점부터 끝나는 시점까지 사용할 수 있는 기본 질문들을 알려 달라는 요청을 받는다. 그럴 때 우리는 '질문 포트폴리오'를 만들어 보도록 제안한다.
 '질문 포트폴리오'란 작품의 포트폴리오처럼 자신이 언제나 꺼내 쓸 수 있는 기본 질문들을 정리해 놓은 질문 박스라고 할 수 있다.
 이 책에 제시된 다양한 질문들을 토대로 자신만의 레파토리를 만들고 계속 보완해 가면 더욱 풍부하고 수준 높은 질문 포트폴리오를 갖게 될 것이다.

### 좋은 질문 포트폴리오의 조건

질문 포트폴리오를 만들 때 처음 갖게 되는 궁금증은 과연 어떤 질문들을 담을 것인가이다. 이때 하버드 경영대학원의 학습센터에서 제시하는 좋은 질문의 조건을 기준으로 활용할 수 있다. 이 센터는 다음 세 가지 조건을 제시한다.

**첫째,** 학습자나 대화 상대가 흥미를 느끼는 질문을 만든다. 이를 위해 그들이 무엇을 배우고 싶어 하고 관심사는 무엇인지 그리고 어떤 경험을 해왔는지를 파악해서 이와 관련된 질문을 개발한다.

**둘째,** 질문이 주제와 연관되어야 한다. 주제에서 벗어난 질문은 아니한만 못하다.

**셋째,** 지식을 연결하고, 적용하고, 정보를 분석하거나 추론하고, 새로운 아이디어를 내는 데 필요한 질문이어야 한다. 한마디로 사고를 확장시킬 수 있는 질문을 준비한다.[8]

## 단계별 질문 포트폴리오 만들기

질문 포트폴리오를 만들 때 사용 시점과 상황에 따라 질문들을 분류하여 담으면 편리하다. 크게 사전 준비, 본 과정, 마무리의 세 단계에 따라 질문을 준비할 수 있다.

다음은 강의를 위한 질문 포트폴리오를 만들 때 활용할 수 있는 팁이다.

### 사전 준비 질문

강의 시 사전에 질문을 준비해서 참가자들에게 전달한다. 이렇게 하면 참가자들은 여기서 어떤 내용이 다루어질지 예상을 하고 호기심을 갖게 된다. 또한 사전에 내용을 스스로 분석해서 자신의 의견을 갖고 수업에 참가하는 분위기가 조성된다.

경영전략의 대가로 잘 알려진 하버드 경영대학원의 마이클 포터 교수도 수업 전에 학습 목표가 될 질문들을 웹 사이트에 올려놓는다. 학생들은 하버드 사례를 읽고 그 질문들에 답을 준비해서 참여한다. 예를 들어 "왜 일본기업이 세계 팩시밀리 업계를 지배하게 되었는가?" "팩시밀리 산업에서 앞으로 일본의 성공을 위협할 만한 요인은 무엇인가?" 등 질문을 5개 정도 제시한 후에 "자신이라면 철수하겠는가, 아니면 끝까지 버티겠는가?" "그렇게 결정한 이유가 무엇인가?"와 같은 질문을 던진다.[9]

강의를 위한 사전 준비 질문을 만들 때 자신에게 이런 질문들을 던지면 도움이 된다. "참가자들이 정확히 무엇을 해야 하는가?" "본 과정에서 어떤 정보가 사용되는가? 이 정보를 어떻게 사용할 것인가?" "어떤 세부 사항이 중요한가?" "참가자들은 이 내용을 자신의 언어로 설명할 필요가 있는가?"

회사에서 워크숍을 할 때도 참가자들에게 토의 주제와 관련하여 질문을 미리 주고 고민을 한 후 참석하게 하면 훨씬 더 좋은 결과를 얻을 수 있다. 다음은 국내의 한 회사에서 워크숍 전에 CEO가 참가자들에게 보낸 사전 질문이다.

## 사전 준비 질문 예시

### CEO의 편지

며칠 전 디지털 혁신을 추진하게 된 배경에 대해 밝힌 바와 같이 우리 회사는 전략적 변곡점에 있습니다. 이 상황에서 사장인 나는 다음과 같은 내용을 갖고 여러분들과 허심탄회한 토론의 시간을 갖고자 합니다.

5월 30일 워크숍 전까지 다음에 제시된 몇 가지 사항을 심도 있게 생각해 보고 참석하시기 바랍니다.

Ⅰ. 내일 여러분이 우리 회사의 CEO로 임명된다면,

- 가장 먼저 수행해야 할 가장 중요한 일들은 무엇이라고 생각합니까?
- 중요하다고 선정하게 된 근거는 무엇입니까?
- 이 일을 구체적으로 어떻게 수행할 것입니까?

Ⅱ. 자부문의 경영목표를 달성하는 데 어떤 챌린지가 있습니까?

- 만약 경영목표 달성을 저해하는 요인이 있다면 무엇입니까?
- 어떻게 하면 저해하는 요인을 개선할 수 있겠습니까?

Ⅲ. . . . . . .

### 본 과정 중 질문

본 과정 중 사용할 질문은 생각을 자극하고 관점을 넓히는 데 주안점을 둔다. 이미 알고 있는 것에 의문을 제기하고 비판적으로 바라보게 하는 질문들을 한다. 또한 새로운 해결안을 찾고 미래의 트렌드를 예측하는 등 생각의 힘을 키우는 질문들을 포함한다.

#### 1. 시작 때 어떤 질문을 할지 신경을 써라

강의나 토의 또는 회의를 시작할 때 사용할 질문도 포트폴리오에 담아 두어야 한다. 이때는 앞서 애기한 도발적 질문이나 중요한 질문을 준비해서 참가자들의 관심을 낚는 데 초점을 둔다. 사전에 읽거나 조사한 내용을 토대로 질문을 만드는 것도 좋다. 시작 때 이 질문을 보드에 적어 놓거나 화면에 띄운다.

[역할과 책임 도출 워크숍인 경우] "나의 역할과 책임을 명확히 알고 있는가?"

[동기부여에 대한 강의인 경우] "프로젝트 성공을 위해 김 과장의 참여가 절실하다. 그런데 그는 이미 너무 바쁘다. 어떻게 하면 그를 참여하도록 설득할 것인가?"

시작 질문에 대해 간단히 토의를 하고 이것이 오늘 다룰 내용과 어떤 관련이 있는지를 설명한 후 본격적인 활동으로 들어간다.

## 2. 상황에 맞는 질문을 준비한다

이제 본격적인 활동에서 사용할 질문들을 준비한다. 상황에 맞는 질문들을 만든다. 프로젝트 제로 질문, 블룸의 인지단계별 질문, 비판적 사고 질문, 토론 업그레이드 질문 등 앞에서 다룬 다양한 질문들을 기반으로 자신만의 목록을 개발하여 포트폴리오에 담아 둔다.

예를 들어, 내가 진행한 <역할과 책임 도출 워크숍의 경우> 다음과 같은 질문을 준비하였다.

- 우리가 당면한 리더십 문제를 해결하기 위하여 서로 반대편에 있는 역할들을 어떻게 통합할 것인가? (예, 혁신가의 역할과 통제자의 역할)
- 우리 회사는 팀장에게 어떤 역할을 강조하는가?
- 팀장들은 실제로 어느 역할에 가장 많은 시간을 투입하고 있는가?
- 현재 자신의 조직에서는 어떤 역할이 강조되는가? 왜 그런가?
- 회사의 전략 방향에 맞는 새로운 역할은 무엇인가?

### 마무리 질문

마무리를 잘 하는 것도 매우 중요하다. 마무리 역시 질문으로 하면 더욱 효과적이다. 이 때 질문의 목적은 그동안 학습한 내용을 성찰하고, 결론을 도출하며, 앞으로 추가적으로 학습할 이슈를 제기하는 것이다.

포트폴리오에 다음과 같은 마무리 질문을 포함시키면 언제든 유용하게 사용할 수 있다.

- 오늘의 주제에 대해 아직도 갖고 있는 질문은 무엇입니까?
- 마지막 질문을 하나 한다면, 그것은 무엇일까요?
- 오늘 이해하기 가장 까다로웠던 것은 무엇입니까?
- 오늘 우리가 다룬 것 중에서 가장 중요한 포인트는 무엇입니까?
- 오늘 학습한 내용 중 자신이 꼭 적용하고 싶은 것은 무엇입니까?

이 질문들은 학습한 내용을 명확히 하는 데 도움이 된다. 가르치는 사람의 입장에서는 여기서 나온 의견을 다음 강의를 준비하는 데 유용하게 활용할 수 있다.

## 포트폴리오를 발전시켜라

질문 포트폴리오를 계속 발전시킨다. 질문 포트폴리오에는 자신의 질문 스킬을 스스로 평가하는 질문도 포함해야 한다. 적절한 시기에 적절한 질문을 했는가? 질문의 목적을 생각하며 했는가? 부드러운 태도로 질문했는가 아니면 위협적인 방식으로 했는가?

질문을 준비할 때 자신이 답을 확실히 모르는 질문들을 몇 개 포함하는 것도 좋다. 그 질문에 대해 다른 사람들로부터 놀라운 답을 들을 수 있기 때문이다.

강의나 대화 중에 자신에게 떠오르는 질문이나 다른 사람들에게서 나왔던 좋은 질문들을 적어두었다가 포트폴리오에 반영하면 좋다. 질문의 비결 중 하나는 질문을 메모하는 습관이다. 나는 '질문 일기'를 쓰면서 거기에 좋은 질문들을 모아 놓는다.

이렇게 만들어진 포트폴리오의 질문들을 보고 강의나 회의, 대화 전에 질문들을 준비해 놓는다.

질문을 잘 하는 사람은 질문을 사전에 디자인해 놓는다.

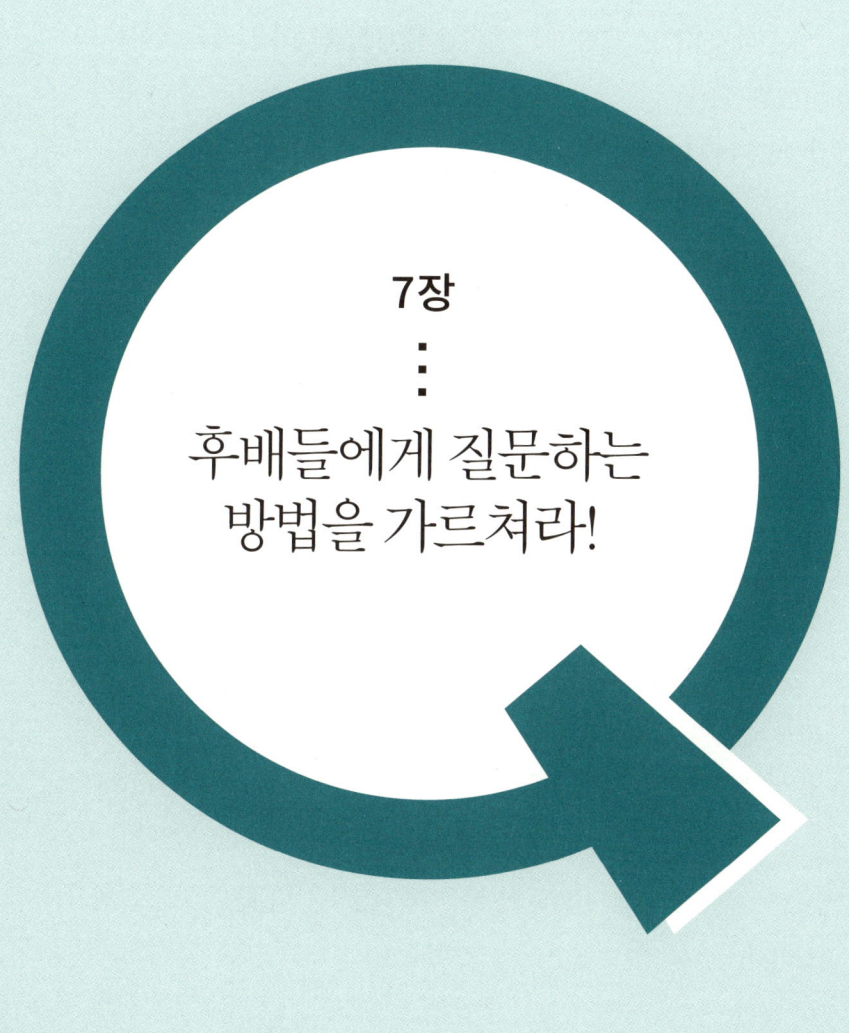

7장

후배들에게 질문하는
방법을 가르쳐라!

초등학교 5학년 정도 되는 아이가 문제를 풀다가 문제의 의미를 엄마에게 묻는다.

엄마 : 너 아직 그것도 모르냐? 바보니?

아이 : 답이 틀렸어요?

엄마 : 너 지금까지 뭐했니?

아이 : 왜 틀렸는지 모르겠어요. 설명을 해주세요.

엄마 : 아직도 생각을 못했니? 네가 풀어보면 되잖아….

엄마와 아이 사이에 이런 대화 패턴이 내내 이어진다. 아이는 끈질기게 묻고 이에 뒤질세라 엄마의 질책은 계속된다. 그래도 아이의 질문은 계속된다. 인간에게 숨겨진 질문 본능은 참으로 위대하다.

어릴 때 우리는 수많은 호기심 어린 질문으로 가득 차 있었다. 이 질문 본능이 사라지게 된 데는 어른들의 책임이 크다. 이제 질문 본능을 되찾아 주어야 할 때다.

좋은 질문을 하는 사람들이 많을수록 세상은 더 나은 곳으로 바뀔 것이다.

*01*

# 질문 능력,
# 미래의 생존 스킬

    기업의 CEO들은 직원들의 어떤 특징을 가장 중시할까?

    하버드대의 토니 와그너 교수는 이 질문을 갖고 여러 CEO들을 인터뷰했다. 그가 만난 CEO들이 반복적으로 언급한 특징 중 하나는 직원들의 '질문 능력'이었다. 이 결과를 토대로 와그너 교수는 '문제 제기'가 '문제 해결'보다 더 중요하다고 강조한다.[1]

    그런데 우리는 스스로 문제를 제기하는 것보다는 누군가가 제시한 문제를 푸는 데 더 익숙해져 있다. 전형적인 회의 장면을 떠올려 보자. 누가 주로 질문을 던지는가? 질문을 하는 사람은 대개 상사고, 부하는 이 질문에 답을 하는 사람이다. 강의 장면은 어떤가? 마찬가지로 교수자가 주로 질문을 하고 학습자는 답을 한다. 부하나 학습자가 질문을 하는 경우는 많지 않다.

그러나 이제는 모방이 아니라 창조의 시대로 접어들었다. 자신이 알고 있는 지식을 업데이트하고 새로운 지식을 창조해야 한다. 기업에서도 어떻게 제품, 프로세스, 서비스를 지속적으로 개선하고 창조할 것인가를 늘 생각해야 한다. 이런 창조와 혁신의 시대에는 다른 사람이 낸 문제를 푸는 능력을 넘어서 스스로 문제를 찾아내는 능력이 훨씬 더 중요하다. 와그너 교수의 말을 빌자면 '문제 해결형'보다는 '문제 제기형' 인재가 필요한 세상이다.

'문제 제기형' 인재란 일어나는 일들을 무심코 지나치거나 별 생각 없이 받아들이는 대신 왜 저런 일들이 일어날까, 어떻게 해야 할까 등 의문을 갖고 보는 사람을 말한다. 지금까지의 생각으로는 풀 수 없는 문제를 제기하고 그 문제를 해결하기 위해 끈질기게 도전을 하는 사람이다. 이런 사람이 새로운 분야, 새로운 산업, 새로운 브랜드, 새로운 가능성을 창조할 수 있다. 현재 우리 사회가 당면하고 있는 일자리 부족도 이런 문제 제기형 인재를 많이 키워 놓지 않았기 때문일 것이다.

우리의 현실로 눈을 돌려보자.

회의 중에 상사가 부하들에게 질문이나 의문을 제기하라고 해도 잘 하지 않는다.

강의를 할 때도 질문을 하라고 하면 거의 나오지 않는다. 이렇게 질문을 하지 않는 가장 큰 이유 중 하나는 '좋은 질문을 하는 방법'을 모르기 때문이다. 괜히 질문을 했는데 그 질문이 '멍청한 질문'일까봐 질문을 꺼린다. 만일 '좋은 질문'을 하는 법을 배워 '좋은 질문'을 할 수 있다면 질문에 대한 자신감은 급상승할 것이다.

학생들에게 질문 방법을 가르치고 스스로 질문을 만들게 하면 학습 내용에 대한 이해도가 향상된다는 연구들이 많다. 예를 들어, 배운 내용에 대해 질문을 만드는 방법을 연습한 그룹과 질문 연습 대신 그 내용을 복습한 그룹을 비교해 본 결과 질문 연습을 한 그룹의 이해도가 더 높게 나타났다.[2] 그 이유는 질문을 만들기 위해 학습 내용을 더 주의 깊게 읽고 자신이 만든 질문과 관련된 정보에 더 많은 주의를 기울이게 되기 때문이다.

질문이라고 하면 가장 먼저 떠오르는 소크라테스의 질문 모습을 그려보면 스승은 질문을 하고 제자들은 주로 이 질문에 답을 한다. 학교와 회사에서도 질문을 하는 사람은 주로 교수자나 상사이다. 그러다 보니 질문에 대한 관심은 대부분 가르치는 사람이나 상사에게 집중되어 왔다. 그러나 상사나 교수자가 질문을 잘 하는 것도 중요하지만 부하나 학습자들의 질문 능력을 키우는 것도 중요하다.

## 02

# 학습자의 질문 능력을
# 키우는 비결

질문 능력은 개발을 통해서 얼마든지 향상된다. 좋은 질문을 공유하고, 질문의 역할모델을 따라 배우고, 질문 연습 기회를 부여하는 등의 다양한 활동을 통해 질문 능력을 키울 수 있다.

**전략 1 _ 핵심 질문들을 정리하여 공유한다**

첫 번째 전략은 교수자가 자신의 분야에서 오랫동안 경험을 쌓으면서 보거나 듣거나 사용했던 질문 중 효과가 있었던 질문들을 학생들에게 알려 주는 것이다. 한 분야에 오랫동안 몸을 담고 있으면 자연스레 그 분야에서 주요 이슈가 무엇인지, 어떤 질문들이 중요한지, 어떤 가정들을 테스트해야 하는지 등을 터득하게 된다. 또한 자신의 분야에 대한 책을 읽거나 연구를 하거나 일을 할 때 스스로 자주 묻는 질문들이 있다. 예를 들어, 이 사람은 어떤 관점을 가지고 있나? 이것은 이 분야의 이전 연구와 어떤 관련이 있을까? 이 연구자는 어떤 가정을 가지고 있나? 등이다

교수자가 이렇게 핵심 질문들을 정리해서 학습자들에게 주고 이 질문 목록을 활용해서 질문을 만들도록 한다. 이 방법을 통해 학습자들은 그 분야에서 어떤 질문들이 제기되는지를 익히고 질문하는 습관을 기르게 된다.

한 교수는 강의나 독서 또는 토의와 같은 학습 활동을 한 후 성찰을 위해 '네 가지 질문법'을 사용한다. 네 가지 질문이란 분석 질문, 성찰 질문, 적용 질문 및 궁금증 질문을 말한다. 구체적으로 다음과 같다.[3]

**분석** 이 활동에서 배운 하나의 중요한 개념(연구를 통해 발견한 점, 이론 또는 아이디어)은 무엇인가?

**성찰** 왜 이 개념(연구를 통해 발견한 점, 이론 또는 아이디어)이 중요하다고 생각하는가?

**적용** 이 활동에서 배운 것을 당신 삶의 어떤 면에 적용할 것인가?

**궁금증**  활동을 하면서 제기한 질문은 무엇인가? 아직도 궁금한 사항은 무엇인가?

코칭 상황이라면 마이클 번게이 스태니어가 제시하는 7가지 질문을 활용하면 큰 도움이 된다.[4] 이 질문은 코칭뿐만 아니라 일반적인 대화 장면에서도 사용할 수 있다. 나는 이 질문으로 업무나 개인적인 어려움을 상담하러 온 많은 사람들에게 도움을 줄 수 있었다.

- 지금 무슨 생각을 하고 있나요?
- 그리고 그 밖에 무엇이 있습니까?
- 현재 당면하고 있는 챌린지는 무엇입니까?
- 무엇을 원하십니까?
- 내가 어떻게 도울 수 있습니까?
- 만약 이것에 찬성한다면, 하지 말아야 할 것은 무엇입니까?
- 당신에게 가장 유용한 것은 무엇이었습니까?

나의 지도교수였던 액션러닝의 세계적 권위자 마이클 마쿼트 교수도 과제 해결 시 자신이 사용해 온 질문들을 두 세 페이지로 정리하여 나눠준다. 과제를 구체화할 때 사용하는 질문, 자료 수집을 위해 사용할 질문, 해결안 토의 시 사용할 질문 등 모두 효과적이라고 입증된 질문들이다. 나는 그가 활용했던 질문 목록을 지금도 자주 활용하고 있다. 사람들은 나에게 '질문 박사' 또는 '닥터 큐'라는 별명을 붙여 주었다. 이런 별명을 얻은 것은 그에게서 배운 질문 덕분이다.

회사에서도 직원들의 질문 스킬을 향상시키기 위해 이 방법을 사용할 수 있다. 미국의 제록스사는 특정 분야의 최고 전문가들이 묻는 질문을 탐색해서 이 질문들을 목록으로 만든 후 직원들에게 주었다. 직원들은 이 질문들을 보면서 과거와는 달리 새로이 던져야 하는 질문들을 배운다. 예를 들어, 과거에는 '경쟁사가 무엇을 하는가?' 라는 질문을 주로 했다면 이제는 '우리의 상품을 사용하지 않는 비고객은 누구인가?' 라는 질문을 새로이 던져야 한다는 것을 알게 된다.

### 전략 2 _ 질문의 역할모델이 된다

상사나 교수자 자신이 질문의 역할모델이 되는 것도 좋은 방법이다. 한 연구에서 4 가지 상황을 설정해서 교수자의 행동에 따라 학생들의 질문의 양이 어떻게 달라지는가를 보았다.

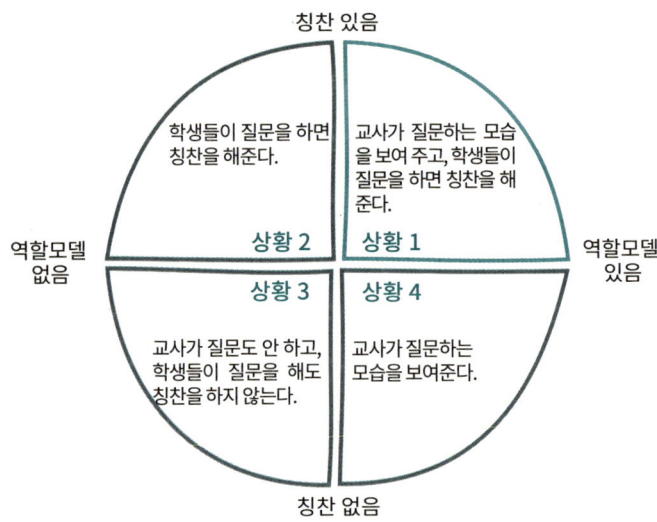

연구 결과 첫 번째 상황에서 학생들은 가장 많은 질문을 던졌다.[5]

교수자가 질문하는 모습을 스스로 보여주고, 거기에 더해 학생들의 질문에 칭찬을 해주면 학생들이 더 많은 질문을 쏟아 낸다는 뜻이다. 배우는 사람들은 교수자가 어떤 상황에서 어떤 질문을 던지는지, 어떤 방식으로 던지는지 등을 관찰하면서 질문하는 방법을 학습하게 된다.

"학생들은 주변 사람들의 질문하는 모습을 보고 자연스레 질문을 배워나간다. 가르치는 사람으로서, 우리는 항상 학생들에게 모델이 되어야 한다. 생각하고 배우고 창조하는 모습을 보여주어야 한다."[6]

질문의 역할모델이 되어야 하는 이유이다.

교수자가 보다 적극적으로 역할모델이 되는 방법은 '상호 교수법'을 활용하는 것이다. 어떤 주제에 대해 먼저 자신이 어떻게 질문을 만드는지 시범을 보여준다. 그런 다음 학생들이 토의할 질문을 만들게 하고 이 질문에 대해 피드백을 준다. 학생들이 질문을 만드는 데 어려움이 있는 경우 교수가 추가적으로 시범을 보인다. 이 방법을 지속적으로 사용하면 학생들은 점차 교수가 질문하는 방법을 모방하여 자기 것으로 만든다.[7]

회사에서 상사가 질문하는 모습을 보고 부하들도 질문의 중요성과 방법을 배운다.

"나의 상사는 질문을 통해 팀원을 성장시킨다. 팀장께서는 다양한 관점에서 생각하기 위해서는 질문하는 습관을 가져야 한다고 항상 이야기를 한다. 결재를 받으러 갈 때마다 내가 생각하지 못했던 질문을 던지곤 한다. 맡은 업무를 배운 대로만 처리하는 것이 아니라 왜 이렇게 처리해야 되는지 의문을 갖고 일하라고 강조한다. 상사는 특이 사항이나 문제점을 보고하면 역으로 질문한다. 왜 이렇게 처리해 왔으며 이런 경우엔 어떻게 처리해야 할지 말이다."

이 팀장과 함께 일하는 직원들 역시 스스로 질문하는 습관을 갖게 되었다고 한다. 한 직원은 이렇게 말한다.

"길을 걷다가도 문제의식이 생깁니다. 가령, 가을이 되면 거리의 은행나무에서 은행이 땅에 떨어지고 그 냄새가 진동을 합니다. 이전에는 이것에 대해 아무 문제의식이 없었습니다. 그런데 이제는 어떻게 하면 은행나무를 심을 때 열매를 맺지 않는 수나무만 구분해 심을 수 있을까? 라고 질문을 합니다."

## 전략 3 _ 질문 프랙티스 기회를 만든다

학습자들이 좋은 질문을 하는 능력을 갖기를 원한다면, 또 하나의 열쇠는 '많은 연습'을 해서 습관이 되도록 돕는 것이다. 방법은 다양하다. 수업 전에 숙독할 과제를 내주면서 이 자료를 읽고 질문을 두세 개 만든 후 이 질문에 대한 답을 준비해 오도록 한다. 수업 시간에 이 질문들에 대해 소그룹으로 토론을 하고, 특히 좋은 질문을 선정하여 전체적으로 토론을 한다. 이 방법으로 직접 질문을 만들 기회를 제공하고 질문에 대한 관심을 높일 수 있다.[8]

과제 수행 과정에 질문을 포함시킬 수도 있다. 예를 들어, 회사에서 팀으로 과제를 수행할 때 팀원들에게 그 과제와 관련하여 던져야 할 질문 목록을 만들게 한다. 과제에서 다루어야 할 질문이나 그 과제를 수행하면서 자신이 물어야 할 질문들을 만드는 것이다. 그런 다음 과제 코치나 상사가 이 질문들에 대해 피드백을 주면 팀원들의 질문 스킬을 개발하는 데 도움을 줄 뿐만 아니라 과제가 올바른 방향으로 진행되는 데도 도움이 된다.

# 질문 마중물을 넣는 프롬프트

 강의나 회의 시 사람들에게 질문을 하라고 해도 질문이 떠오르지 않아 하지 않는 경우가 많다. 이때 좋은 질문을 쉽게 만들도록 도움을 주기 위해 '질문 프롬프트'를 사용할 수 있다. 배우가 대사를 잊은 경우 프롬프트를 보고 대사를 떠올리듯 질문 프롬프트는 질문이 떠오르도록 도와주는 질문 예시들을 말한다. 펌프질을 해서 땅 속 깊숙이 있는 물을 끌어 올릴 때 처음에 마중물을 넣는 이치와 같다. 질문 프롬프트가 있으면 이 질문을 발판 삼아 좋은 질문을 만들 수 있다.
 다음과 같은 3가지 유형의 질문 프롬프트를 사용할 수 있다.[9]

### 질문 프롬프트 1. 질문 단어를 제시한다

 자주 사용되는 질문 프롬프트 유형의 하나로, 누가, 무엇을, 언제, 어디서, 어떻게, 왜? 와 같이 질문을 시작하는 단어를 제시한다. 이 질문어들을 활용해서 질문을 생성한다.

> ❓ 누가, 무엇을, 언제, 어디서, 어떻게, 왜?

### 질문 프롬프트 2. 질문 뼈대를 보여 준다

또 다른 질문 프롬프트는 다음과 같은 질문 뼈대를 제시하는 것이다.

> ❓
> - … 의 목적이 무엇이지?
> - … 의 주요 아이디어는 무엇인가?
> - 왜 …?
> - 그 이유는 …?
> - … 의 강점과 약점은 무엇인가?
> - … 의 새로운 예는 무엇인가?
> - 이것은 어떻게 … 에 영향을 미치는가?
> - … 와 관련해서 A와 B를 비교해 본다면?
> - 만약에 … 면 어떻게 달라질까?
> - … 의 문제와 관련하여 가능한 해결안들은 무엇인가?
> - 어떤 결론을 내릴 수 있는가?
> - 당신은 … 주장에 동의하는가, 반대하는가? 그렇게 답하는 근거는 무엇인가?

**질문 프롬프트 3. 질문 유형을 제시한다**

앞에서 나온 다양한 질문 유형들 중 상황에 맞는 유형을 제시하면 된다. 예를 들어, 프로젝트의 초기 단계라면 '비판적 사고'를 위한 8가지 질문 유형의 예시를 프롬프트로 활용할 수 있다.

# 작은 변화로 큰 차이를
# 만드는 QFT

하버드 교육대학원이 발행하는 '하버드 에듀케이션 레터'에 '학생에게 질문법 가르치기: 하나의 작은 변화가 큰 결과를 가져 온다' 라는 제목 하에 QFT(Question Formulation Technique)가 소개되어 큰 반향을 불러일으켰다. QFT란 스스로 질문을 만들고, 이 질문들을 더 좋은 질문으로 만들면서 질문 방법을 터득하는 기법이다.[10]

QFT를 만든 로쓰스타인 박사는 '한 가지만 바꿔라, 그러면 커다란 차이가 생긴다!' 라고 말한다. 그 한 가지란 학습자들이 스스로 질문을 만들게 하는 것이다. 이 한 가지 변화로 학습자들은 훨씬 더 똑똑해 진다는 것이다.[11]

## QFT 4단계

QFT는 크게 다음 네 단계에 따라 만들 수 있다.

| 단계 | 내용 |
| --- | --- |
| 1단계<br>질문 초점 | 질문의 초점을 맞출 주제를 제시한다. |
| 2단계<br>질문 생성 | 질문 초점과 관련하여 질문을 만든다. 가능하면 많은 질문을 만든다. |
| 3단계<br>질문 개선 | 질문들을 다듬는다. 열린 질문은 닫힌 질문으로, 닫힌 질문은 열린 질문으로 바꾼다. |
| 4단계<br>우선순위 | 질문의 우선순위를 정한다. 중요한 질문 세 가지를 고른다. |

### 1단계 _ 질문 초점을 제시한다

질문 만들기의 첫 단계는 '질문 초점(Question Focus, QFocus)'을 제시하는 것이다. 'QFocus'란 일종의 주제로, 이 주제에 초점을 맞추어서 질문을 만들게 된다. 좋은 QFocus를 만들려면 두 가지 기본적인 가이드라인을 기억해야 한다.

첫째, 초점이 명확해야 한다. 초점이 명확하지 않으면 질문을 만들 때 우왕좌왕하게 된다.

둘째, QFocus는 질문 형식이 아니라 만들 질문의 초점이 되도록 '핵심 키워드'로 만든다. 자신이 '리더십은 개발될 수 있는가?'라는 질문을 받았다고 가정해 보라. 그 다음에 무엇을 할 것인가? 아마 이 질문에 대한 답을 찾느라 머리가 바빠질 것이다. 따라서 QFocus를 질문 형식으로 제시하지 않고 '리더십 개발'과 같이 키워드로 제시한다.

### 2단계 _ 질문을 만든다

질문을 만들 때는 질문에 대해 토의를 하거나 판단하거나 답을 하지 않고 떠오르는 대로 가능한 한 많은 질문들을 만든다. 팀에게 '리더십 개발'이라는 QFocus를 주고 질문을 만들라고 하자 한 멤버가 "리더십은 어떻게 개발될 수 있을까?"라는 질문을 던졌다. 그러자 다른 멤버들은 "교육을 받으면 되지 않을까, 어떤 방법들이 있지?" 등 곧바로 답을 하거나 토의가 시작되었다. 사람들은 이렇게 질문을 받으면 자연스레 답을 하려고 하거나 답을 하기 위해 토의를 하려는 충동을 느낀다. 그런데 이렇게 토의나 답을 하려고 질문을 멈추면 그쪽으로 생각의 초점이 옮겨 가기 때문에 다른 방향의 질문들을 만들어 내기가 어렵다. 따라서 이 단계에서는 다양한 질문들을 만들 수 있도록 사고를 자유롭게 해주어야 한다. 질문을 많이 만들어서 그 중 가장 가치 있는 것에 초점을 맞추는 것이 훨씬 더 좋다.

질문을 만들 때 흔히 하는 또 다른 실수는 어떤 질문이 나왔을 때 '그건 아니야!' 라고 판단을 하는 것이다. 질문에 대해 좋다, 나쁘다 판단을 하지 않으면 심리적으로 안전하게 느끼기 때문에 더 자유롭게 질문을 만들게 된다.

질문을 만들라고 해도 습관이 되지 않아서 서술문을 만드는 경향이 있다. 실제로는 서술문인데 끝부분만 올려서 질문처럼 보이게 하는 경우도 있고, 질문 같은데 질문이 아닌 경우도 있다. 예를 들어, "그 문제의 원인이 무엇인지 아무도 모르지요?" 같은 문장은 질문 같지만 자신의 의견을 말하는 것이다. 이를 질문으로 표현해 보면 "그 문제의 원인은 무엇인가요?" 또는 "그 문제의 원인이 무엇인지 누가 알고 있나요?" 가 된다. 이렇게 서술문이 나오는 경우에는 질문 형식으로 바꾸도록 한다. 질문으로 묻고, 질문으로 생각하도록 해야 한다.

인원이 많은 경우에는 한 팀을 3~5명 정도로 구성해서 질문을 만들면 다양한 질문을 만드는 데 도움이 된다. 질문을 적을 때 번호를 붙이는 것도 좋은 팁이다. 번호를 붙이면 나중에 분류하기도 편하고, 동기부여 효과도 있다. 자신들이 만든 질문을 보고 "와, 우리가 이렇게 많이 만들었네." 라는 자부심에 질문에 더욱 관심을 갖게 된다.

### 3단계 _ 질문을 개선한다

질문이 충분히 만들어졌으면 질문을 분류하고 개선하는 단계로 넘어간다. 분류 시 가장 기본적인 방법은 '닫힌 질문'과 '열린 질문'으로 나누는 것이다. 각 질문에 '닫힌 질문', 또는 '열린 질문'이라 표시를 한다. 그런 다음 각 질문 유형 중 열린 질문은 닫힌 질문으로, 닫힌 질문은 열린 질문으로 바꾸어 본다. 예를 들어, '리더십은 개발될 수 있는가?' 라는 닫힌 질문을 '리더십은 어떤 상황에서 가장 잘 개발될 수 있는가?' 라는 열린 질문으로 바꾸어 보고, 반대로 '뛰어난 리더들은 어떤 특성을 갖고 있는가?' 라는 열린 질문을 '뛰어난 리더들은 진정성이 있는가?' 라는 닫힌 질문으로 바꾸어 본다. 이렇게 해보면 질문을 어떻게 만드느냐에 따라 답이 달라진다는 점을 깨닫게 된다.

### 4단계 _ 질문의 우선순위를 정한다

QFT를 사용한 목적에 따라 질문의 우선순위를 정한다. 대개 팀 별로 가장 중요한 질문 세 가지를 선정하고 왜 그 질문들을 선정했는지 토의하도록 한다. 질문의 우선순위를 결정하는 과정을 통해 멤버들은 다양한 의견을 분석하고, 평가하고, 비교하고, 결정을 내릴 수 있는 능력을 키우게 된다.

질문과 질문 선정 이유에 대한 토의가 끝나면 팀 별로 전체 앞에서 발표를 한다. 발표를 마치면 액션의 단계로 들어간다. 각 팀이 선정한 질문을 어떻게 행동으로 옮길지를 결정하는 것이다. 그 질문에 대한 답을 찾기 위해 자료조사를 해서 다음에 발표를 할 수도 있고, 인터뷰를 해서 결과를 공유할 수도 있다. 실험을 할 수도 있고 토론이나 에세이의 주제로 활용할 수도 있다.

QFT는 어른들뿐만 아니라 초등학교에서도 활용할 수 있다. 이 방법에 의해 학생들은 스스로 올바른 질문을 할 수 있는 능력을 키우면서 자신감이 훨씬 커지고 수업에 더 잘 몰입한다. 또한 질문을 만드는 과정에서 논리적 사고와 비판적 사고 능력도 커지고, 결과적으로 창의력도 향상된다.

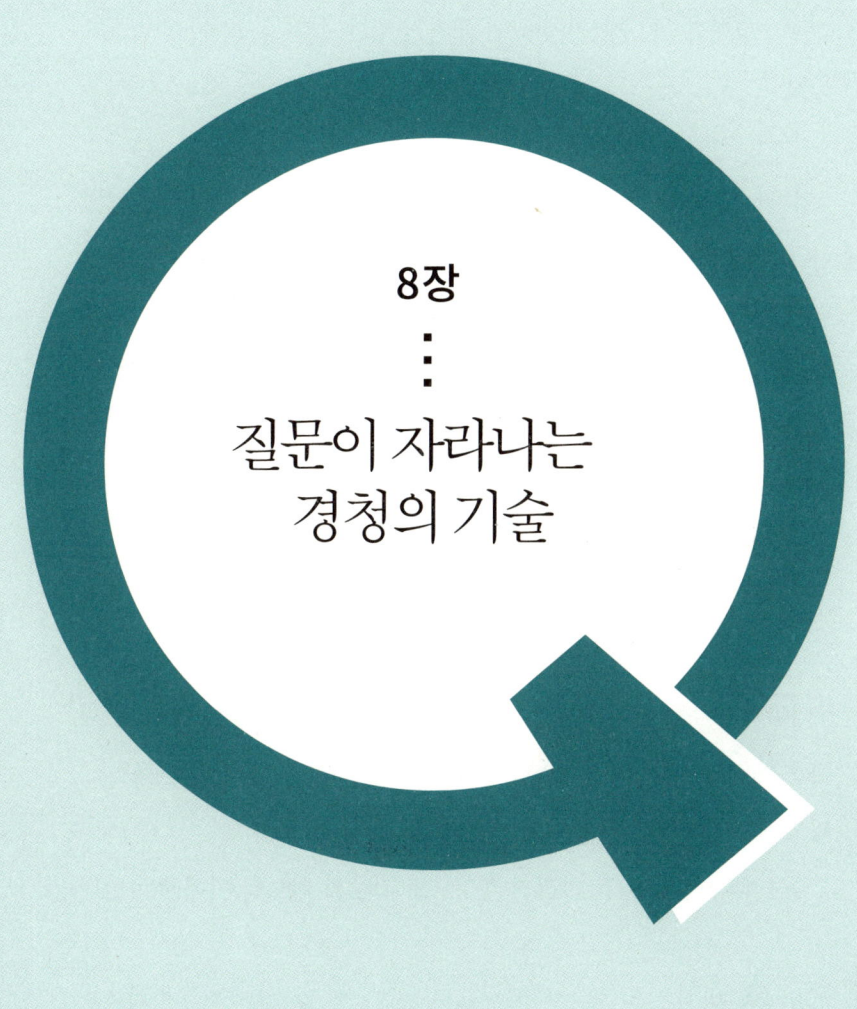

8장

질문이 자라나는
경청의 기술

어느 화창한 날 유치원에 갔던 꼬마가 집에 들어서자마자 엄마에게 물었다.

"나는 어디에서 왔어요?"

엄마는 딸이 아직 어려서 이 질문을 하리라고는 미처 생각하지 않았다. 어린 딸에게 도대체 어떻게 자연의 섭리를 설명해 주어야 하나 가슴이 두근거렸다. 그러나 심호흡을 한 후 생각을 가다듬고 딸과 마주 앉았다. 엄마는 동물의 세계에서 어떻게 새끼가 태어나는지를 아주 자세히 설명해 주었다. 딸아이의 눈은 엄마의 말 하나하나에 집중하는 듯 초롱초롱 빛났다. 엄마는 이야기를 마치고 딸에게 묻는다.

"이제 네가 어디에서 왔는지 이해했니?"

"아니요. 내가 어디서 태어났냐고요?" (태어난 곳을 물은 것)

엄마가 "나는 어디에서 왔어요?" 라는 딸의 질문을 대충 듣고 판단하는 대신 이 질문의 의도를 파악하기 위해 "좀 더 말해 줄 수 있니?"라고 물었다면 좋았을걸.[1]

질문에 대한 답을 잘 하려면 경청으로 질문의 의도를 이해해야 한다.

경청의 첫 걸음은 "좀 더 말해 줄 수 있나요?" 와 같은 질문이다.

# 경청 없이
# 좋은 질문 없다

하버드 경영대학원의 롤랜드 크리스텐슨 교수는 "질문, 경청, 반응을 잘 하는 것보다 더 귀중한 교육 방법은 없다. 이 세 가지는 세 폭 짜리 그림처럼 연결되어 있다."라고 말한다.[2] 질문을 잘 하기 위해서는 상대의 의견과 질문을 잘 경청해야 한다는 의미다.

경청의 중요성에도 불구하고 자신도 모르게 경청을 방해하는 행동을 하기도 한다. 당신도 혹시 다음과 같은 행동으로 경청을 가로막고 있지는 않은가?

### 경청 방해 행동

#### 경청을 막는 행동 1. 급행열차, 진도 나가자!

강의 전에 주제와 학습 목표를 정해 놓는다. 이 계획에 따라 마치 '급행열차가 달리듯 쏜살 같이 강의를 진행한다. 일방적으로 진행을 하기 때문에 학습자들이 창의적으로 생각할 기회가 없다. 설사 흥미로운 이슈가 제기되어도 교수자는 아랑곳하지 않고 이미 짜인 대로 진도를 나간다. 그 결과 학습자들은 스스로 참여하고 기여하고 있다는 느낌을 갖지 못한다. 결국 강의에 흥미를 잃어버려 경청을 하지 않는다.

#### 경청을 막는 행동 2. 숨은 공 찾기

교수자는 질문을 던지고 학습자들의 응답을 듣는다. 그런데 마음속에 이미 그 질문에 대한 답을 가지고 있고 그 답이 나오면 토의를 멈춘다. 교수자가 학습자들의 이런 저런 의견을 듣는 것은 단지 자신이 생각해 놓은 답이 나오지 않았기 때문이다. 마치 빨간 공을 감춘 뒤에 '이 공의 색깔이 무엇일까요?' 라고 묻는 것과 같다. 학습자들이 답을 맞히기 위해 '하얀색', '파랑색' 등 추측을 하다 마침내 '빨간색'이라는 답을 하면 다음 문제로 넘어가는 식이다.

이런 행동이 반복되면 학습자들은 교수자가 어떤 답을 원할까에 더 신경을 쓴다. 따라서 경청은 더 어려워진다.[3]

### 경청을 막는 행동 3. 척 보면 삼천리

'척 보면 다 안다.'는 식이다. 교수자는 이미 그 분야에서 내공이 엄청 쌓였기 때문에 학습자들이 몇 마디 하면 이미 다 안다는 생각을 한다. 그래서 학습자들이 의견을 말할 때 중간에 끊어 버리려는 유혹을 갖기 쉽다. "그래요, 무슨 말을 하려는지 감 잡았어요." 라고 말하며 더 이상 경청하지 않는다. 교수자가 이런 행동을 보이면 학습자들도 자연스레 경청을 하지 않는다.

### 경청은 인내의 산물

효과적 경청이란 상대가 하는 말의 내용을 듣는 것을 넘어서 말을 할 때의 톤, 몸짓, 그리고 다른 사람들의 반응까지도 민감하게 보는 것이다. 또한 그 내용이 이전에 나온 의견들과 어떤 관계가 있는지, 전체 토론의 흐름에 부합되는지도 들어야 한다.

경청의 가장 중요한 원칙은 '참는 연습'을 하는 것이다. 상대의 말을 중단시키고 끼어들고 싶은 마음을 꾹 참고 충분히 들을 때 훨씬 더 중요한 정보를 얻게 된다는 뜻이다. 상대가 말하고자 하는 바를 이해했다고 가정하면서 결론으로 바로 넘어가지 말라. 경청에는 세심한 관심과 상당한 노력이 요구된다. 단순히 침묵을 유지하는 것이 아니라 그 사람에게 무엇이 중요한지 진심으로 관심이 있을 때 경청이 가능하

다는 의미이기도 하다.[4]

시인이자 사상가인 랠프 왈도 에머슨의 "멈출 때마다 나는 듣네."라는 말을 기억할 필요가 있다.

# 경청의 기술

경청을 잘 하기 위해 다음 방법들을 사용할 수 있다.

**첫째, 가려진 부분까지 들어라**

경청은 상대방이 말한 것뿐만 아니라 말하지 않은 내용까지도 듣는 것이다. 평소에 학습자들이 서로를 평가하는 '동료평가' 방법을 자주 활용하는 교수자가 있었다. 그러나 학습자들이 보기에 동료평가는 다소 문제가 있었다. 가까운 사람들에게 더 높은 점수를 주는 경향이 있기 때문에 객관성이 떨어진다는 우려를 갖고 있었다. 어느 날 한 사람이 "이번 과제 발표 때도 동료평가를 합니까?"라고 물었다. 실제로 그는 "동료평가를 하지 않았으면 좋겠습니다."라고 말하고 싶었지만 교수자의 기분을 상하게 할까봐 얘기를 꺼내지 못하고 있었다.

교수자가 질문 내용에만 관심을 갖는다면 "네, 그렇습니다."라고 반응할 것이다. 그러나 말하지 않은 부분까지 듣는다면 "여러분들이 동료평가에 대해 어떤 생각을 갖고 있는지 궁금하네요. 이야기해 볼까요?"라고 반응하여 그들이 동료평가에 대해 어떤 우려를 갖고 있는지 더 자세히 들을 수 있을 것이다.

## 둘째, 단절, 확인 질문을 하라

한 사람이 질문이나 의견을 말했는데 다른 사람이 이것과 관련 없는 엉뚱한 응답을 하는 경우가 종종 있다. 이렇게 한 사람의 의견 또는 질문과 상대방의 응답이 연결이 안 되는 것을 '단절'이라고 한다. 토의 시 단절이 생긴다는 것은 상대방이 발언 내용을 잘 이해하지 못했거나 받아들이지 않는다는 증거이다. 단절이 생기면 교수자는 첫 발언자에게 "태희씨, 민수씨가 태희씨의 말을 이해했습니까?" 또는 "둘이서 같은 말을 하고 있습니까?"라고 확인하는 질문을 해야 한다.

교수자가 학습자의 질문이나 의견을 잘 못 이해하고 반응을 하는 경우도 종종 발생한다. 이것을 막기 위해서도 확인 질문이 필요하다.

"질문에 대한 답이 되었나요?"

단절을 그대로 두고 대화를 진행하면 대화가 혼란스러워진다.

### 셋째, 경청 결핍 증상, 초기에 대처하라

토의 시 참가자들이 경청을 하지 않고 있음을 보여주는 증상들이 있다. 각 증상에 적절한 질문으로 대응하면 경청을 더 잘 하도록 도움을 줄 수 있다. 대표적인 증상은 '핏불'과 '알 필요 없다!' 이다.

#### 핏불

핏불은 작고 강인한 투견용 개이다. 핏불은 목표물에 대한 집착이 엄청나게 강해서 끈질기게 쫓아가고 한 번 물면 절대 놓지 않는다. 공격을 할 때도 늘 같은 방향으로 한다. 이런 점 때문에 세상에서 가장 위험한 개로 꼽히기도 한다.

핏불 같은 사람들이 있다. 이들은 시종일관 한 가지 주장이나 관점만을 끈질기게 밀고 나간다. 오직 자신의 의견만이 옳다는 생각을 고수하고 다른 관점을 가진 사람들의 의견을 듣지 않는다. 이들과는 아무리 대화를 해도 제자리를 맴돌 뿐이다. 그래서 토의 시 사람들은 핏불 증상이 있는 사람의 의견을 듣지 않게 된다.

핏불 증상은 주제에 대해 심층적인 이해가 부족할 때 잘 나타난다. 이해가 부족하다는 것을 감추기 위해 이 방법으로 다른 사람들의 주의를 돌리는 것이다. 이 증상을 해결하는 방법은 자신의 관점뿐만 아니라 다른 관점에서도 의견을 제시해 달라고 요구하는 것이다.

"민수씨, 이번에는 이 해결안에 대해 찬성하는 입장이 아니라 반대하는 입장에서 이야기해 줄 수 있나요?"

**'알 필요 없다!'**
'나는 이것에 대해 알 필요가 없어!' 라는 증상이다. 이들은 다른 사람들이 말하는 내용에 귀를 닫는다. 나아가서 다른 사람들이 말할 때 지루하다는 자세를 보인다.

이런 참가자들을 다루는 가장 좋은 방법은 정면 공격이다. 교수자가 직접 그 자료나 주제가 왜 중요한지 설명하는 대신 전체 참가자에게 "지금 토의하고 있는 주제가 여러분들에게 어떻게 도움이 됩니까?" 라는 질문을 한다. 이 질문에 모두가 도움이 된다고 말하면 '알 필요 없어!' 라고 생각하는 사람도 점차 생각이 바뀐다. 이런 사람은 다른 사람의 강요가 아니라 스스로 설득이 될 때 변화를 한다. 이 방법을 써도 효과가 없을 때는 좀 더 직접적인 방법을 쓴다. 다른 사람이 말한 내용에 대해 그것이 왜 중요한지를 말하도록 묻는다.

"민수씨, 태희씨가 말한 내용이 왜 중요하다고 생각하나요?"
"어떤 시사점을 던져주나요?"

이런 질문을 해서 발표 기회를 주면 이 참가자도 점차 토론에 관심을 갖고 참여하게 된다.[5]

경청을 잘 하기 위해서는 이 증상들이 나타날 때 바로 인식을 하고 잘 다룰 줄 알아야 한다.

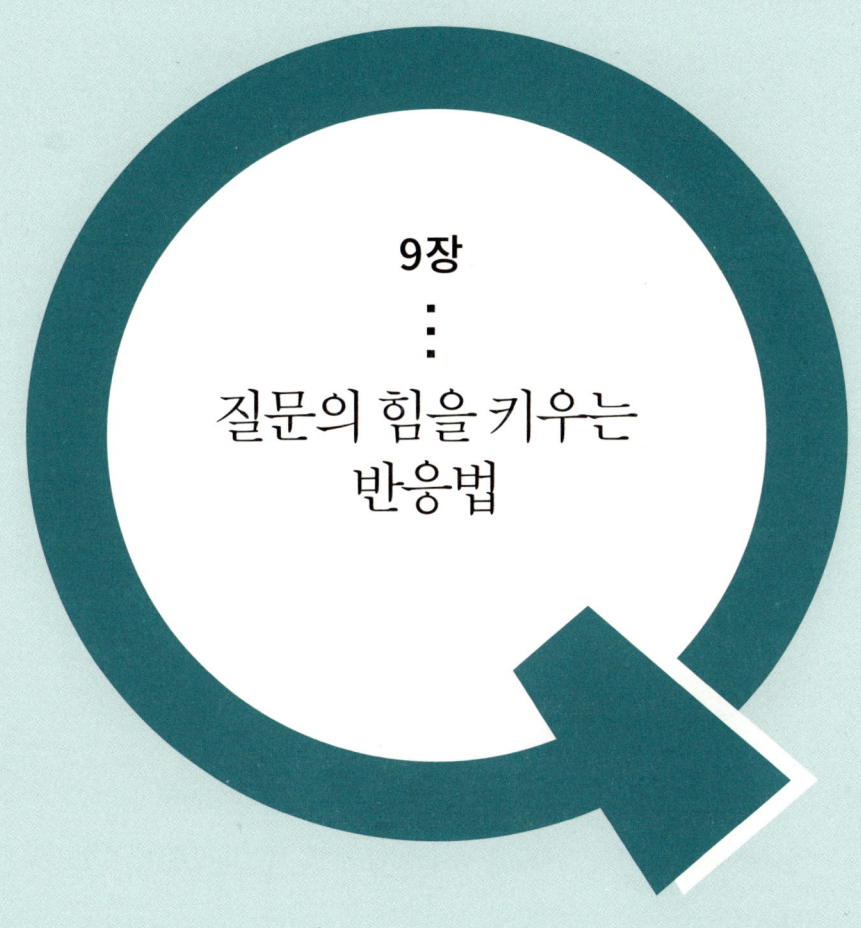

9장

질문의 힘을 키우는 반응법

상사가 업무 지시를 한다. 지시가 끝나고 부하들은 과연 상사에게 자유롭게 질문을 할까? 그렇지 않은 경우가 많다. 이 상황에서 질문을 하지 않는 이유는 다양하다.

"상사의 이야기가 길어 질까봐."
"질문을 하면 이것도 모르냐고 야단을 맞을까봐."
"괜히 꼬투리를 잡힐까봐."
"잘 이해가 안 돼도 혼자 곱씹으면서 스스로 해결하고자 마음에서."
"마음에 상처를 받을까봐."
"괜히 물어봤다가 일을 하나 더 받을까봐."

만일 상사가 "아, 좋은 질문입니다." 라고 말하면서 격려와 지원 반응을 보인다면 그래도 질문하지 않을까?
질문하려는 마음은 상대가 어떻게 반응하는가에 따라 달라진다.
간단한 반응 하나로도 질문을 춤추게 할 수도, 사그라지게 할 수도 있다.

# 반응은 질문과 경청의 절친이다

상대의 질문이나 의견에 어떤 반응을 보이는가에 따라 참여하는 자세가 달라진다. 인정을 해주고 후속 질문을 던지거나 다른 사람들의 의견을 추가로 듣는 등의 방법으로 반응하면 의욕이 높아진다. "~씨, 흥미로운 의견입니다." 라고 의견을 낸 사람의 이름만 불러 주어도 인정받는다는 생각에 기분이 좋아진다. 당신도 이런 경험을 가지고 있을 것이다.

반응을 잘 하는 사람들은 상대가 아무리 엉뚱한 말을 하더라도 거기서 가치를 발견해 내는 능력이 있다. 한 교수는 학생들이 검은 것을 희다고 해도, 팥으로 메주를 쑨다고 해도 '예스! 예스! 예스!' 라고 맞장구를 쳤다. 먼저 "맞아요." 라고 반응을 한 후, 천천히 물레를 돌리듯 엉뚱한 의견에서 금실을 뽑아낸다. 이런 식으로 상대가 어떤 응답을 하더라도 잘못된 것이 아니라는 점을 지속적으로 알려 주면 함께 만들

어간다는 마음으로 대화에 참여한다.[1]

그러나 반응은 생각처럼 쉽지 않다. 개인의 생각과 전체의 생각이 상충될 때 어떻게 균형을 맞출지, 종교적으로 다양한 사람들이 참가하고 있을 때 어떻게 반응의 균형을 맞출지 등 어려움이 상존한다. 반응 시 다음 사항들을 고려하면 어떻게 반응할지 결정하는 데 도움이 된다.

### 고려 사항 1. 내 반응이 상대에게 수치심을 안겨 주지는 않을까?

예를 들어, "모처럼 만에 좋은 질문을 했네?"와 같은 반응은 학습자의 자존감을 크게 떨어뜨린다. 이런 반응은 아무리 좋은 내용이라 하더라도 안 하니만 못하다. 특히 성인들에게 수치심을 줘서는 안 된다. 신입 사원에게 "24살이면 인생에서 꺾어지는 나이다."라고 말한 상사에 대해 아직도 분개하고 있는 사람을 봤다.

### 고려 사항 2. 내 반응이 대다수 사람들의 관심을 끌 것인가?

여러 사람들이 모인 곳에서 몇 사람만이 관심을 갖는 주제에 대해 시간을 많이 쏟는 경우가 있다. 이렇게 되면 다른 사람들은 흥미를 잃게 된다.

**고려 사항 3. 내 반응이 상대의 지식을 확장시킬 수 있는가?**

학습자가 "우리 팀장은 소통 능력이 좋습니다."라는 발언을 했을 때 단순히 "그래요, 중요하지요."라고 반응을 하고 끝나면 더 이상 지식은 확장되지 않는다. 반면에 "먼저 상하 간에 일어나는 수직적 소통의 관점에서 그 팀장이 어떻게 소통을 잘 하는지 예를 들어줄 수 있나요?" "수평적 소통의 관점에서는 어떤가요?"라는 식으로 반응하면 학습자들은 소통에 여러 측면들이 있다는 것을 알게 된다.

## 심리적 안전감 속에서
## 좋은 질문이 태어난다

다음 두 상황을 비교해보자.

|상황 1|

학생들이 리더십 사례를 자세히 읽고 질문에 대해 답을 준비한다. 한 학생이 손을 들고 자신의 의견을 말한다. 그러자 교수가 "그게 아니에요. 사례를 더 주의 깊게 읽어봐요." 라고 반응한다. 그리고 전체 학생들에게 "여러분, 답을 찾을 때 전혀 터무니없는 아이디어를 내지 말고 실제로 가능한 아이디어를 생각하는 것이 중요해요." 라고 말한다. 몇 분이 더 지난 후 또 다른 답이 나오자 "시간을 많이 주었는데 그 정도 답밖에 안 나오나요?" 라고 말한다. 교수의 계속된 이런 반응에 강의실에는 불안감이 스멀스멀 스며든다.

| 상황 2 |

학생들이 리더십 사례를 자세히 읽고 질문에 대해 답을 준비한다. 상황 1과는 달리 몇 학생들이 의견을 말하자 교수는 "좋아요. 지금 나온 의견들을 모두가 볼 수 있도록 보드에 적겠습니다."라고 반응한다. 그런 후 "또 어떤 의견들이 있나요?"라고 묻는다. 추가로 아이디어들이 나오자 교수는 "아하~ 내가 미처 생각하지 못한 아이디어들이에요."라고 반응한다. 누군가 반대 의견을 내자 학생들은 호기심을 갖는다. 자유로운 의견 제시와 반론으로 강의실은 시끌시끌하다.

이 상황이 학기 초에 일어났다면 학기 중반쯤 두 강의실의 분위기는 어떻게 달라져 있을까? '심리적 안전감' 측면에서 두 강의실의 분위기는 크게 다를 것이다.

심리적 안전감이란 하버드대학의 에드몬슨 교수가 제시한 개념으로 '좋은 의도를 가지고 한 행동이 나중에 처벌을 받지 않을 것이라고 믿는 것' 이다.[2] 대화나 토의 시 심리적 안전감이란 '내가 엉뚱한 질문이나 틀린 답을 해도 야단맞거나 전혀 창피하지 않을 분위기가 조성되어 있는가?' 이다.

질문과 응답이 잘 나오지 않는 경우 첫 번째로 생각해 봐야 할 것은 상대가 과연 심리적 안전감을 느끼고 있는가이다.

## 심리적 안전감이 만들어 내는 차이

심리적으로 안전감을 느끼는 그룹과 그렇지 않은 그룹은 여러 면에서 차이가 난다.

심리적 안전감이 팀의 성과에 결정적인 영향을 미친다는 연구들이 있다. 구글은 '왜 어떤 팀은 번성하고, 어떤 팀은 비틀거리는가?' 라는 의문에 대한 답을 얻고자 '아리스토텔레스 프로젝트'를 진행했다. 이 연구는 구글의 180개 팀을 대상으로 2년간에 걸쳐 이루어졌다. 180개 팀은 고성과 팀과 저성과 팀을 포함했고, 엔지니어링 프로젝트 팀이 115개, 판매 팀이 65개였다. '전체가 부분의 합보다 크다.' 라는 아리스토텔레스의 말에 착안하여 '아리스토텔레스 프로젝트'라는 명칭을 붙였다. 연구 결과, 성공적인 팀의 가장 두드러진 특성은 '심리적으로 안전한 환경'이 조성되어 있는 것이었다.[3]

심리적 안전감이 이런 차이를 만들어 내는 이유를 다음과 같은 사이클로 설명할 수 있다.[4]

## '심리적 위험' 사이클

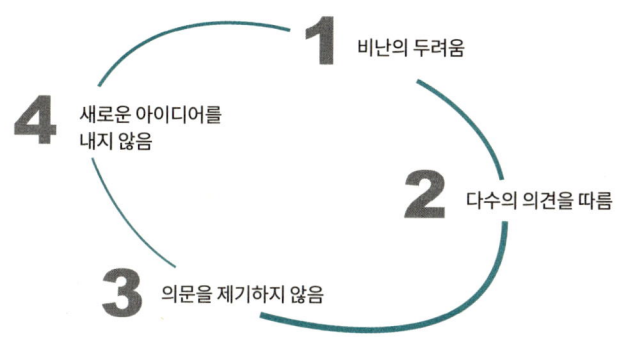

## '심리적 안전' 사이클

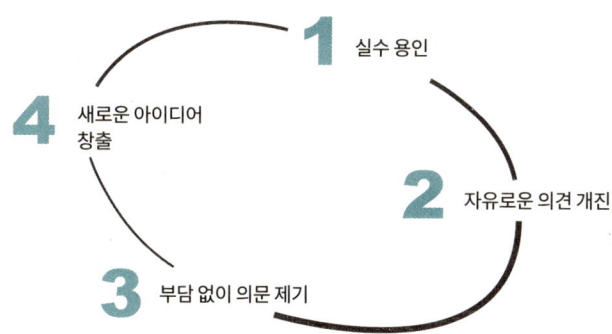

팀의 멤버들이 심리적으로 위험을 느끼면 앞의 '심리적 위험' 사이클을 탄다. 실수를 하면 처벌과 비난의 두려움 때문에 숨긴다. 다른 의견이 있어도 무시를 당할까봐 다수의 의견을 따르고 의문을 제기하지 않는다. 그 결과 의사결정의 질이 떨어지고 성과도 떨어진다. 앞에서 소개된 <상황 1>도 심리적으로 위험을 느끼는 상황이다. 질문이나 응답을 잘 못하면 교수에게 야단을 맞을까봐 학생들은 발언을 안 하거나, 한다 해도 교수가 원하는 말만을 한다. 다양한 관점으로 질문이나 응답을 하지 않기 때문에 새로이 학습하는 것도 줄고, 학습의 효과는 떨어진다.

반면에 멤버들이 심리적으로 안전감을 느끼면 '심리적 안전' 사이클을 탄다. 실수를 했을 때 상사나 다른 멤버들에게 스스럼없이 얘기를 하고 도움을 청한다. 실수를 오히려 학습과 성장의 기회로 본다. 다른 멤버들과 기꺼이 아이디어를 공유하고 다른 사람들의 의견에도 자유롭게 의문을 제기한다. 결과적으로 이 팀은 더 나은 결정을 내리고 성과도 높아진다. 앞의 <상황 2>와 같이 심리적 안전감을 느끼는 상황에서는 질문이나 응답을 잘 못해도 오히려 거기서 배울 점을 찾아낸다. 교수와 학생들은 마음을 열고 다양한 관점의 질문을 받아들인다. 그러면 새로운 지식이 만들어지고 학습의 효과도 올라간다.

심리적인 안전감은 질문의 양에도 큰 영향을 미친다. 심리적인 안전감이 높은 팀에서는 멤버들이 서로 질문을 많이 하고 이런 행동은 성과에도 좋은 영향을 미친다. 반대로 심리적 안전감이 낮은 팀의 멤버들은 혹시 내가 질문을 했다가 그것도 모르냐고 상대방에게 비난을 받으면 어떻게 하나 하는 두려움 때문에 또는 질문을 하면 상대방이 당황하거나 위협을 받는다고 생각하기에 질문을 주저한다.

만일 이런 상황이 사람의 생명을 다루는 병원에서 일어난다면 어떻게 되겠는가! 처방전에 대해 궁금한 것이 있어도 간호사가 의사에게 물어보지 못해 엉뚱한 처치를 했다면! 심리적 안전감, 내가 의대 교수에게 질문 강의를 하면서 가장 강조했던 부분이기도 하다. 질문이 살려면 심리적 안전감이 있어야 한다. 이는 마치 산소와 같은 존재이다. 산소가 없으면 인간이 살 수 없듯, 심리적 안전감이 없으면 질문은 죽는다.

## 심리적 안전감을 해치는 치명적인 반응

심리적 안전감을 해쳐서 질문과 응답의 싹을 잘라 버리는 아주 쉬운 방법이 있다. 다음과 같이 반응하면 된다.[5]

### 정보를 주지 않는 반응

질문이 나오면 당신은 귀찮아하며 응답을 하지 않는다. 이런 반응에 상대방은 더 이상 질문도 하지 않고 응답도 하지 않는다.

"이미 비슷한 질문에 답을 해줬는데, 그거면 충분하지 않아!"

"내가 그런 사소한 것까지 들어줘야 하니?"

"넌 아직 그것도 모르냐? 더 고민해 봐."

"쓸데없는 질문 그만 좀 해!"

### 경시 반응

질문이나 의견에 "인생의 경험이 많은 내가 이미 경험을 다 했으니까 너는 내가 하라는 대로만 하면 된다." 라는 식으로 말하여 분위기에 찬물을 끼얹는다. 이런 사람들은 상황이 많이 바뀌었는데도 예전 자신의 성공담을 늘어놓는다. '전설 따라 삼천리' 반응이라고도 한다.

"그게 아니야. 내가 시범을 보여줄게. 네가 하는 식으로 만들면 안 돼."

"이 방법이 최고야. 내가 하는 것 잘 봐!"

"이건 검증된 방법이야. 이대로 하면 틀림없어!"

당신이 이런 반응을 보이면 발언자는 자신의 의견이 가치가 없고 무시당한다고 느낀다. 따라서 점차 참여를 하지 않게 된다.

### 익사 반응

누군가 질문을 하면 당신의 전문성을 보여주기 위해 일장 연설을 한다. 좀처럼 끝나지 않는다. 질문하는 사람은 두렵다. 괜히 질문 한번 잘 못했다가 장황한 연설을 들어야 하기 때문이다. 또는 초반부터 상대의 말을 가로막고 상대의 말에 귀를 기울이지 않는다. 당신의 이런 반응에 상대는 질문할 맛을 잃고 만다.

사람들의 질문과 응답 의욕을 꺾고 싶다면 이런 세 가지 반응들을 낮이나 밤이나 아주 열심히 해보라. 그러면 질문할 수 있는 풍토는 먼지가 풀풀 나도록 황폐화될 것이다.

문제는 이 세 가지 치명적 반응이 실제로 학교, 회사나 가정 등 여러 곳에서 빈번히 일어나고 있다는 것이다.

### 심리적 안전감을 높이는 비결

윗사람의 행동이 멤버나 학습자가 느끼는 심리적 안전감의 정도를 좌우한다. 에드몬슨 교수에 따르면 만일 상사가 권위적이고 방어적인 자세를 취하면 멤버들은 반론을 제기하거나 질문을 하면 큰코다칠 수도 있다는 느낌을 갖는다. 반대로 상사가 멤버들에게 도움을 주려는 태도를 보이고 멤버들의 질문이나 도전을 환영하면 멤버들은 안전

감을 느끼고 기꺼이 상사와의 상호작용을 늘린다.[6]

### 첫째, 포용력

상대의 심리적 안전감을 높이기 위해 먼저 당신은 포용력을 보여주어야 한다. 실수를 하거나 아무리 바보 같은 질문이나 의견을 내도 '좋은 질문입니다.' '생각하지 못 했던 포인트입니다.' 라는 식으로 참여한 것 자체에 대해 인정을 해주고 격려를 해주면 사람들은 점점 자신 있게 질문이나 응답을 하게 된다. 반대로 실수를 용인하지 않거나 야단을 치면 당신을 가까이 하기엔 너무 먼 사람으로 본다. 나는 강의 초반에 "멍청한 질문이 세상을 바꿉니다. 어떤 질문이라도 환영합니다." 라고 말을 한다. 이 말에 학습자들은 편안하게 질문을 한다.

### 둘째, '심문' 질문이 아니라 '초대' 질문

토의 시 초기 단계부터 답을 맞혀야 하는 질문을 하면 참가자들은 혹시 자신의 답이 틀릴까봐 답을 하지 않으려 한다. 하나의 정답이 있는 질문보다는 다양한 해석이 가능한 질문을 할 때 참가자들의 흥미가 더 자극되고 부담 없이 토의에 참여할 수 있다. 다양한 답이 가능하다는 것을 알려주기 위해 질문을 던질 때 '심문' 질문이 아니라 '초대' 형식의 질문을 하는 것이 좋다.[7] '심문' 질문이란 정해진 답이 있고 이 답이 무엇인지 캐묻는 방식이다. 반면에 '초대' 질문이란 어떤 의견을 갖고 있는지 얘기해 달라고 청하는 형식이다. 예를 들어

"대니얼 골먼이 말하는 감성지능의 정의는 무엇인가요?"는 심문 형식의 질문이고 "감성지능에 대해 어떻게 생각하나요?"는 초대 형식의 질문이다.

**셋째, 지속적 요청**

질문과 의견을 계속 요청해야 한다. 자신도 잘 모르는 것이 있고 놓치는 것이 있으므로 다른 사람들의 의견과 질문을 듣고 싶다는 말을 반복적으로 하면 이들도 마음을 열게 된다. 이렇게 해도 응답이 잘 나오지 않으면 두 사람씩 짝을 짓거나 소그룹을 이루어 간단히 토의를 한 후 결과를 발표하게 하면 의외로 좋은 의견들이 나온다.

**끝으로, 상대의 입장에서**

내가 아니라 상대의 입장에서 과연 심리적 안전감을 느낄 수 있을까라는 생각을 해보는 것도 중요하다. 에드몬슨 교수의 연구에 따르면 지위가 높을수록 심리적으로 더 안전하다고 느낀다고 한다. 상사와 멤버와의 관계에서는 상사가, 교수자와 학습자 간의 관계에서는 교수자가 더 안전감을 느낀다는 말이다. 자기가 심리적으로 안전하다고 느끼니까 아랫사람들도 그럴 거라고 생각하지만 그건 착각이다. 나중에 "나는 그런 줄 몰랐는데." 라고 후회하는 말을 얼마나 많은 사람들이 하고 있는가!

구글처럼 팀 멤버들의 심리적 안전감을 측정하기 위한 설문을 하는 것도 도움이 된다. 다음과 같이 에드몬슨 교수가 제시한 설문 항목의 예를 참고하면 된다.

- 이 팀에서 실수를 하면 종종 당신은 비난을 받는다.
- 이 팀의 멤버는 문제와 어려운 이슈를 제기할 수 있다.
- 이 팀에서는 다른 멤버에게 도움을 요청하는 것이 어렵다.

또한 조직에서 자주 발생하는 심리적 안전감을 해치는 상황을 설정한 후 리더와 팀 멤버들이 함께 역할연기를 하고 이것을 녹화해서 보면 어떤 행동들이 심리적 안전감을 해치는지, 이것이 왜 중요한지를 몸으로 느낄 수 있다.

# 반응 파워를 올리는 전략

당신이 사람들의 질문에 반응을 잘 하기로 이름이 나 있다고 생각해 보자. 사람들은 당신과 이야기를 나누면 기분이 좋아지고 좋은 질문과 의견이 저절로 나온다고 입을 모은다. 그 비결은 바로 다음의 일곱 가지 반응 전략이다.

### 반응 전략 1 _ 격려한다

상대의 의견이나 질문에 격려와 칭찬으로 자신감을 심어준다. 어떤 사람들은 칭찬을 하면 상대가 건방을 피울 수 있으므로 칭찬을 자제해야 한다고 말한다. 그러나 의견이 나왔을 때 칭찬을 하는 것이 아무런 리액션을 하지 않거나 심지어 야단을 치는 것보다 훨씬 많은 이점을 가지고 있다. <톰 소여의 모험>으로 잘 알려진 마크 트웨인의 말대로 "칭찬 한마디에 두 달은 살 수 있다." 업무를 끝내고 상사에게 받는 칭찬, 학생이 선생님으로부터 받는 칭찬은 힘을 불어 넣는다. 세상에 어떤 보약도 이만한 약효를 내는 것은 없는 듯하다.

격려와 칭찬을 하는 방법은 아주 많다.

"좋은 생각이에요." "핵심을 잘 짚었어요!" "미처 생각하지 못했던 질문이네요" "굿 퀘스천!"이라고 말하거나 단순히 고개를 끄덕이면서 "예!"라고만 해도 격려가 된다.

학습자가 말한 내용을 강의에서 다루는 개념이나 어휘를 사용하여 다시 말한다. 이렇게 하면 학습자들은 새로운 개념과 언어를 자연스레 배우게 된다. 가령 리더십 코스에서 학생이 "리더에게는 감정 관리가 중요한 것 같습니다."라고 이야기하면 교수는 "감성 리더십에 따르면 리더는 자신의 감정을 파악하고 관리하는 게 중요하다는 이야기지요?"라고 반응한다. 그러면 학생들은 자연스레 감성 리더십에 대해 생각을 하게 된다.

나온 질문이나 의견을 보드에 적는 것도 좋은 격려 방법이다. 이렇게 하면 '내 의견이 중요한가 보다.' 라는 생각에 기분이 으쓱해진다. 의견이나 질문 옆에 발언자의 이름을 함께 적어주면 더 좋아한다.[8]

## 반응 전략 2 _ 나쁜 질문은 없다

한 회사에서 강의를 하면서 과제를 내주었다. 그러자 한 참가자가 "박사님, 과제가 너무 많은 것 아닙니까?"라고 말했다. 이 질문에 나는 순간적으로 '이건 나쁜 질문이다. 참가자들이 공부하기 싫어서 이런 식으로 표현했을 것이다.'라고 판단을 했고, 이런 판단에 따라 대응 논리를 펼쳤다. "힘들수록 더 많이 배웁니다. 과제가 많은 것을 행복하게 생각해야 합니다." 그러나 나중에 실제로 이 질문을 한 의도를 물어보자 과제가 너무 많으면 심층적으로 연구를 하지 못하고 과제를 완료하는 데 급급해서 수박겉핥기 식으로밖에 하지 못한다라는 우려를 들을 수 있었다. 그 때 나는 과제를 내줄 때 내 기준이 아니라 참가자들의 기준도 고려해야 한다는 것을 다시금 깨달았다. 결국 이 질문은 나를 돌아보게 하는 좋은 질문이었다.

이렇게 상대가 기분 나쁜 질문을 하면 순간적으로 그 사람을 비난하거나 반박하고 싶은 마음이 든다. 그러나 반응을 잘 하려면 나쁜 질문이란 없다는 생각을 갖고 있어야 한다. 하버드 교육대학원의 라이언 학장이 '나쁜 질문'에 대해 강조한 말을 떠올려 보자.

"함부로 나쁜 질문이라고 판단하지 마라."

나쁜 질문이 진짜 나쁘기만 한 것일까? 학장은 나쁜 질문이라고 판단하기 전에 그 사람이 그 질문을 하는 의도를 생각해 보라고 말한다. 상대에게 모욕감을 주기 위해 던진 질문인가, 아니면 상대의 기분을 상하게는 했지만 좋은 의도에서 나온 순수한 질문인가? 그는 나쁜 질문과 순수한 질문을 구분하는 지혜가 필요하다고 말한다.[9]

라이언 학장은 또한 설사 나쁜 질문이라고 해도 그 질문을 하는 사람들에게 마음과 귀를 열어두라고 조언한다.

"이러한 질문이 나쁜지 여부는 종종 질문을 받는 사람에게 달려 있습니다. 듣는 입장에서, 여러분이 주의 깊고 관대하게 경청한다면 대부분의 나쁜 질문을 좋은 질문으로 바꿀 수 있는 힘을 가지고 있습니다."

나쁜 질문일지라도 그 속을 파헤쳐보면 자신에게 도움이 되는 무언가를 배울 수 있다는 의미다.

### 반응 전략 3 _ 소나기는 피해서 가라!

'적대적인 질문'이 있다. 이 질문의 목적은 자신의 경험이나 지식을 자랑하면서 공격적인 태도로 당신을 당황스럽게 하는 질문이다. 예를 들어 "당신은 왜 이 계획에 모든 이해관계자 그룹을 포함시키는 것을 생각하지 않았습니까?" 와 같은 질문이다.

만일 적대적인 질문을 받았다면 일단은 잠시 멈추어라. 절대 화를 내지 마라. 낚이지 말고 방어적이 되지도 마라. 그 질문자가 당신의 권위와 자신감을 깎아내리기를 원치 않는다면 다음 두 가지 방법으로 응대하라.

첫째, 당신이 발표를 하고 있는데 한 참가자가 발표 내용에 대해 반론을 펴면서 공격적인 자세로 질문을 한다. 순간 당신은 페이스를 잃어버리고 흥분을 해서 당신의 의견이 옳고 상대는 틀리다는 주장을 편다. 그러나 이렇게 해서는 상황이 더욱 꼬이고, 그 사람과 대결구도가 만들어진다. 이때는 먼저 그 질문을 못 알아들은 척하며 정중한 질문으로 분위기를 진정시키는 것이 좋다.

"(정중한 태도를 보이면서) "잠시만요. 제가 이해할 수 있도록 다시 한 번 이야기해주겠어요?"

이런 질문을 받으면 공격적으로 의견을 내던 질문자는 자신의 질문 방식을 돌아보며 좀 더 부드러운 방식으로 의견을 표현하게 된다. 또한 부적절한 말을 고쳐서 다시 말을 하게 된다.

둘째, 적대적인 질문에 직접 답하지 말고, 그 질문과 비슷한 질문에 유창하게 답을 하면 된다. 가령 "회사는 왜 직원들의 건강에 신경을 쓰지 않는 것입니까?"라는 질문을 받았는데, 이 질문에 충분히 답할 수 있는 지식이 없다. 그러나 그 자리에서 답을 꼭 해야만 하는 상황이다. 답을 못 하거나 안 하면 당신은 신뢰를 잃어버리게 된다. 이런 상황에서 어떻게 할 것인가?

하버드대의 마이클 노튼 교수는 "받은 질문에 대해 표현을 제대로 하지 못 하면서 어눌하게 답하는 것보다 비슷한 다른 질문에 유창하게 답을 하는 것이 더 좋은 인상을 남긴다."라고 말한다. 이 말은 당초 받은 질문에 직접적으로 답하지 말고 비슷한 질문에 답을 하라는 것이다. 위의 질문을 받으면 "회사가 직원들 건강에 신경 쓰지 않는 이유는 (더듬거리면서) … 입니다."라고 응답하지 말고 당신이 자신 있는 유사한 질문에 응답을 하라는 것이다. "회사는 부모님의 건강을 위해서 건강검진 비용을 지원해주고 있습니다. … (아주 유창하게). 이 답은 '직원의 건강'과는 거리가 있다. 그러나 비슷하다. 그래서 이 답을 들으면 참석한 사람들은 당초의 질문을 기억하지 못하고 질문에 아주 답변을 잘 한다고 느낀다. 매스컴에서 정당 대표가 나와서 토론을 할 때 상대의 곤란한 질문을 피하면서 다른 답변을 아주 유창하게 하는 이유이기도 하다.[10]

갑자기 쏟아지는 소나기를 피해가듯 당신을 공격하는 질문은 일단 피해 간다.

### 반응 전략 4 _ 확신이 없는 답에는 겸손하라

모든 질문이 같지 않다. 어떤 질문은 '정보 질문'이다. 정보 질문은 추가적인 데이터, 팩트, 시간, 예산 등을 알고자 묻는 질문이다. 예를 들어 "시설 정비가 언제 예정되어 있는가?" 또는 "얼마나 많은 영업 사원이 이번 분기에 교육을 받아야 하는가?" 등과 같은 질문이다. 이런 질문에는 알고 있는 사실을 말하면 된다.

문제는 '예측이나 추측 질문'에 응답할 때이다. 이 질문은 단순히 사실을 묻는 것이 아니라 당신의 의견을 묻는 것이다. "이 기술이 향후 10년 동안 어떻게 변화할 것이라고 생각하는가?" 또는 "다음 달부터 시행되는 새로운 규제가 우리 산업에 어떻게 영향을 끼칠 것 같은가?" 등의 질문이다.

당신이 발표를 마친 후 곧바로 한 참가자로부터 '추측 질문'을 받았는데 조리 있게 답하기가 어렵거나 답이 너무 틀릴 가능성이 있는 경우에 어떻게 할 것인가? 이럴 때는 '추측 의견'을 내지 마라. 그 대신 핵심 포인트나 메시지를 강조하는 것이 좋다.

"나는 이 산업이 미래에 어떻게 흘러갈지 방향을 예측할 수는 없습니다. 그러나 조금 전 설명에서 언급한 바와 같이 지금 우리의 미래 방향을 바꿀 엄청난 기회를 가지고 있다는 것은 확실히 말할 수 있습니다." 이렇게 당신의 핵심 메시지를 강조한다.

## 반응 전략 5 _ 적당한 챌린지로 의욕을 불사른다

한 사람이 발표를 했는데 당신이 단순히 "알겠어요." "수고했어요, 다음 발표자"라고 반응하면 참가자들은 몹시 허탈해 한다. 나름대로 열심히 준비해서 발표를 했는데 자신의 의견이 존중받는다는 생각이 들지 않는다. 이때 가장 좋은 방법은 질문을 하는 것이다. 특히 챌린지 질문을 던지면 이들은 더 동기부여가 된다.

챌린지 질문은 3단계로 하면 좋다. 먼저 상황을 파악하고 분석을 한 후 챌린지를 한다.

**1단계** 상황 파악 질문을 한다.
"발표한 내용은 어떤 상황에서 발생한 것인가요?"

**2단계** 내용을 좀 더 깊이 있게 분석할 수 있도록 질문한다.
"두 요소 간에 어떤 관계가 있나요?"

**3단계** 발표자가 전혀 생각하지 못한 내용을 묻는다.
"지금 발표한 내용은 회사 입장에서 했는데, 혹시 고객의 관점에서 바라보면 이 내용은 어떻게 달라져야 할까요?"

간혹 당신이 집요하게 챌린지 질문을 하면 상대는 마치 취조를 당하는 것 같은 부담을 느껴서 아예 처음부터 응답이나 질문을 하지 않는 경우도 있다. 의견을 냈다가는 질문 폭탄을 받게 될 것이 뻔하기 때문이다. 이런 상황을 방지하려면 한 사람에게만 파고드는 대신 다른 사람들에게도 질문을 분산시키는 것이 좋다. 무엇보다 질문이 부담스럽게 느껴지지 않는 분위기를 조성하는 것이 중요하다.

### 반응 전략 6 _ 틀린 답에서 학습 기회를 포착한다

학습자가 답변을 준비할 시간이 부족하거나 내용을 제대로 이해하지 못했을 때 틀린 대답이 나온다. 또는 교수자가 던진 질문이 명확하지 않을 때도 틀린 답이 나올 수 있다.

틀린 답이 나왔을 때 이 사람이 수치심을 느끼지 않도록 해야 한다. 교수자가 "틀렸어요." 라는 식의 반응을 하면 응답자는 수치심을 느껴서 참여 의욕을 상실한다. 이런 수치심은 그 시간에만 끝나는 것이 아니라 상당기간 동안 지속된다. 그렇다고 틀린 답을 했는데 그냥 지나쳐서도 안 된다. 그냥 지나가면 그 답이 맞다는 오해를 할 수 있다. 틀린 답이 나온 때가 바로 중요한 학습의 순간이다.

구체적으로 다음과 같은 방법으로 틀린 답에 반응할 수 있다.[11]

- 답이 틀렸지만 틀린 부분이 작고 핵심적인 부분이 아닌 경우 교수자가 가볍게 정정을 해주는 것도 좋다. 그러나 오답을 학습의 기회로 활용하고자 할 경우 다음과 같이 반응할 수 있다.

- 답이 부분적으로 맞는 경우 '맞아요, 그러나…' 라는 응답을 하지 않도록 주의한다. 대신 다음과 같이 학습자가 스스로 틀린 부분을 수정하도록 격려한다.
  "질문이 명확하지 않았던 것 같군요." 또는 "질문이 잘 들리지 않았던 것 같네요." 라고 말을 한 후 질문을 다시 한 번 명확히 말한다. 그리고 응답을 기다린다. 이렇게 해서 답을 한 사람을 무안하게 만들지 않으면서 오답을 바로잡을 기회를 준다.

- 왜 잘못된 답을 하게 되었는지 이유를 파악하기 위해 교수자는 이런 질문을 할 수 있다.
  "그 의견이 어떻게 나왔는지 말해주시겠어요?" "이것은 특히 복잡한 분석이군요. 기본 전제들을 명확히 해볼까요?"

- 답을 할 수 있도록 한 단계씩 나누어 생각하도록 한다.
  "이 개념은 이해하기가 어려워요. 천천히 한 단계씩 살펴볼까요? 또는 "이 부분은 지금 한 말이 맞아요. 나머지 부분을 함께 생각해볼까요?"

답을 직접 고쳐주는 것은 하수가 하는 일이다. 답을 한 사람과 동료들이 바로 잡을 수 있도록 하는 것이 학습을 가장 풍부하게 만드는 방법이다.

## 반응 전략 7 _ 기다림의 시간을 갖는다

사람들은 질문을 던진 후 침묵이 흐르는 것을 부담스러워한다. 그래서 질문을 한 후 바로 응답이 나오지 않으면 "좋아요. 제 답변은 … 입니다."라고 자신이 답을 해 버린다. '과학 교육의 혁신가'로 불리는 메리 버드 로위 박사의 연구에 따르면 교수자들은 질문을 던지고 1.5초 정도밖에는 기다리지 않는다. 그러나 침묵은 흔히 생각하는 것보다 오랫동안 편안하게 지속될 수 있으며, 때로 깊게 생각하도록 자극을 한다. 질문을 던지고 5초 내지 10초 정도만 기다려도 학습자들은 더 많은 응답을 하고 응답의 질과 정확도도 올라간다.

따라서 질문을 했는데 바로 응답이 나오지 않을 때는 조용히 기다리는 것이 좋다. 이것을 '기다림 1'이라고 한다. 이 순간 학습자들은 질문의 의미에 대해 생각도 해보고 대답을 준비할 수 있다. 이 동안에는 간섭을 하지 말아야 한다. 답을 기다리면서 가능하면 많은 사람들과 아이 컨택을 한다. 기다림은 상대에게 깊은 생각을 하고 답을 하길 원한다는 메시지를 전달한다.

질문에 누군가 응답을 한 후에도 즉각적으로 반응을 하는 대신 다시 기다린다. 이 순간을 '기다림 2'라고 한다. 이렇게 하면 그 응답이 생각할 만한 가치가 있다는 것을 보여준다. 동료들은 이 대답에 대해 생각해 볼 시간을 갖게 된다. 또한 다른 사람들로부터 추가적인 응답이 나올 수도 있다.

이렇게 기다림은 '기다림 1(질문을 한 후 잠시 응답을 기다려줌)'과 '기다림 2(첫 번째 응답이 나온 후에 잠시 추가 응답을 기다려줌)'로 나누어진다. 이 두 가지는 잘 보이지 않지만 응답에 크나 큰 영향을 미친다.[12]

# 주거니 받거니, 반사 토스 속에 생각의 힘이 쑥쑥!

교수자와 학습자들 사이에 이루어지는 상호작용을 관찰해 보면 전형적인 패턴이 있다. 이 패턴을 'IRE (Initiation-Response-Evaluation, 개시-응답-평가)'라고 부른다. 교수자가 주도적으로 질문을 하면 (개시) 학습자가 간단히 답변을 하고 (응답), 교수자가 그 답변이 맞는지, 틀리는지를 평가한 후 다른 질문으로 넘어간다 (평가). 교수자가 시작해서 학습자가 반응을 하고 교수자가 평가를 하는 것으로 상호작용이 끝난다.

IRE 패턴에서 학습자의 응답에 대해 교수자가 곧바로 맞다, 틀리다라는 식의 평가를 하면 정답만을 말해야 한다는 압박감 때문에 엉뚱하거나 창의적인 답을 하려는 시도를 하지 않는다. 왜 그런 답을 했는지를 이해하기 위한 후속 질문을 던지지 않고 바로 다음 주제로 넘어가기 때문에 학습자가 자신의 생각을 정교하게 표현할 기회도 없다.

질문이 꽃피는 곳에서는 IRE 패턴과는 사뭇 다른 상호작용을 한다. 학습자들은 자신의 논리와 사고방식에 대해서 질문을 받는 경우가 허다하다. 그럴 때마다 자신의 생각이 구체화되고 확장된다는 느낌을 받는다. 이 방식이 바로 '반사 토스'이다. 반사 토스란 상대로부터 공을 받아서 다시 토스하듯 교수자와 학습자가 질문과 응답을 주고받으면서 학습자들이 의견을 정교하게 만들도록 돕는 것이다.

### 생각을 발전시키는 반사 토스

반사 토스의 기본 패턴은 교수자가 중심이 되는 IRE 방식과는 달리 '학습자의 의견-교수자의 질문-학습자의 더 정교한 의견'의 순서로 이루어진다. 학습의 주도권을 학습자에게 넘기는 것이다.

반사 토스 패턴을 시각적으로 표현하면 다음과 같다.[13]

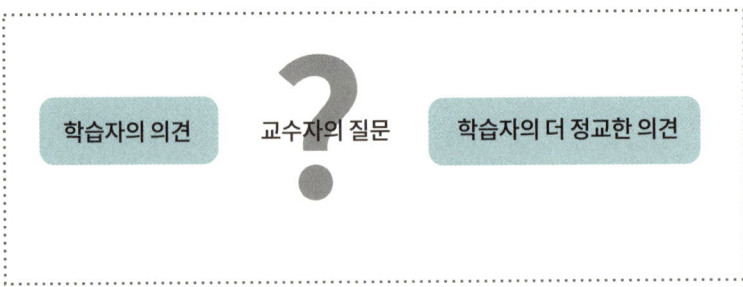

그림에서 직사각형의 크기에 주목할 필요가 있다. 학습자의 첫 번째 직사각형보다 두 번째 직사각형이 옆으로 더 길다. 이것은 학습자가 두 번째 응답을 할 때 처음보다 더 많은 의견을 낸다는 것을 의미한다.

다음은 강의 상황에서 이루어진 반사 토스의 예이다.

**강사** 업무 성과를 높이기 위해 가장 좋은 방법은 무엇인가요?
**학습자** 직원들이 긍정적인 기분을 느끼도록 만들어 주는 것입니다. (학습자의 의견)
**강사** 아, 그래요. 무슨 의미인지 좀 더 설명을 해줄 수 있나요? (강사의 질문)
**학습자** 직원들의 정서 상태가 성과를 개선시킨다는 것입니다. 긍정적인 정서 상태에 있을 때 더 창의적인 아이디어를 내고 더 몰입할 수 있습니다. (학습자의 더 정교한 의견)
**강사** 그렇다면 무엇이 좋은 기분을 만들까요? (강사의 추가 질문)
**학습자** 매일 매일 사소한 업무라도 작은 성공을 맛보게 하는 것입니다. (학습자의 더 정교한 의견)

## 먼저 잡고 던진다

반사 토스의 핵심은 교수자가 학습자의 생각을 받아서(catch) 이 생각을 더 정교하게 만드는 책임을 학습자에게 던지는(toss) 것이다. 기본적으로 다음과 같은 단계로 진행된다.

### 1단계 Catch _ 학습자가 말한 의견의 의미를 파악한다

반사 토스에서는 학습자들의 의견과 아이디어가 상호작용의 출발점이다. 학습자가 의견을 내면 교수자는 먼저 그 말의 의미를 파악해야 한다. "좀 더 이야기해 줄 수 있습니까?" "다른 사람들이 이해할 수 있도록 좀 더 쉽게 이야기해 줄 수 있나요?"와 같은 질문을 던져서 학습자가 의미를 명확히 설명하도록 한다. 이렇게 하면 다른 사람들도 이 사람이 낸 의견을 더 잘 이해하게 된다.

### 2단계 Toss _ 생각을 드러내는 질문을 한다

학습자가 한 발언의 의미를 파악한 다음, 교수자는 학습자가 의견을 더 자세히 설명하고, 더 깊게 생각할 수 있도록 질문을 던진다. "왜 그렇게 생각하나요?" "그렇게 생각하는 근거는 무엇인가요?"와 같은 질문을 한다. 여기서 중요한 것은 학습자의 의견에 대해 교수자가 평가를 하거나 더 정확한 답을 주는 것이 아니라 그들이 더 깊게 생각하도록 만드는 것이다. 교수자가 학습자들의 생각을 대신해 주는 게 아니라 생각할 책임을 학습자에게 옮겨주는 것이다.

# 공감 질문으로
# 감정을 터취한다

　대화를 할 때 기본은 먼저 상대의 마음을 여는 것이다. 그래야 상대는 편안한 상태에서 더 많은 정보를 말한다. 상대가 말할 때 감정을 터취하는 '공감 질문'으로 반응하면 상대는 빗장을 풀고 마음속에 감추었던 것을 꺼내어 놓기도 한다. 공감 질문은 다른 사람의 입장이 되어 그들이 어떻게 느끼고 생각하는지를 이해하기 위한 질문이다. 공감 질문은 일터, 가정, 학교 등 어느 상황에서나 큰 위력을 발휘한다. 상사가 공감 질문을 잘 하면 직원들의 성과도 높아진다. 이 질문을 잘 하면 주위 사람들로부터 호감을 얻는다.

　공감 질문은 의사와 환자의 관계에서도 힘을 발휘한다. 감정을 다독이는 질문으로 환자에게 공감을 하는 의사는 환자로부터 더 많은 신뢰를 받는다. 이런 의사에게 진료를 받은 당뇨병 환자가 혈당을 더 잘 조절한다는 연구 결과도 있다.[14]

그래서 의대에서는 의대생들에게 환자에 대한 공감 능력을 키우도록 가르친다. 하버드 의대의 정신의학과 임상교수인 헬렌 리스는 의사의 공감이 환자와의 관계에서 필수적이라고 강조한다. 의사가 환자의 입장에서 보고 느끼는 공감 능력이 있으면 환자로부터 더 많은 정보를 얻어서 결과적으로 의료 과실이 더 적게 일어난다는 것이다. 헬렌 리스 교수는 공감 질문을 던지면 환자의 마음속으로 들어갈 수 있다고 한다.[15]

다음과 같은 질문으로 대화 시 공감을 불러일으킬 수 있다.

### 공감 질문 1. 존중을 보여주는 질문
상대의 말에 귀를 기울이고 있다는 것을 암시한다. 다음과 같은 질문을 해서 상대의 말을 중요하게 듣고 있다는 것을 전달한다.

"아, 네! 그렇군요. 그래서요?"

### 공감 질문 2. 감정을 묻는 질문
상대가 감정을 표현할 수 있는 질문을 한다. 이런 질문을 하면 상대는 질문자가 자신을 정말로 걱정하고 있다고 생각하게 된다.

"그것에 대해 어떻게 느끼나요?"
"어떤 어려움이 있나요?"
"이 상태와 관련해서 걱정되는 점이 있나요?"

**공감 질문 3. 상대의 입장이 되어보는 질문**

상대의 입장에 서보는 것이다. 저 사람은 무슨 생각을 하고 있는가? 자신이 저 입장에 있다면 가장 고민이 되는 게 무엇일까?

"상대는 지금 상황에서 무엇을 걱정하고 있을까?"
"나는 그 걱정을 덜어 주기 위해 무엇을 할 수 있는가?"
"이것을 하는 데 가장 큰 장애물은 무엇인가?"
"어떻게 그 장애물을 극복할 수 있는가?"

<공감의 시대>에서 제러미 리프킨이 말한 대로 공감은 다른 사람의 입장이 되어 그들이 어떻게 느끼고 생각하는지를 이해하는 것이다. 반응을 잘 하고 질문에 뛰어난 사람들은 공감 질문으로 상대의 마음을 얻는다.

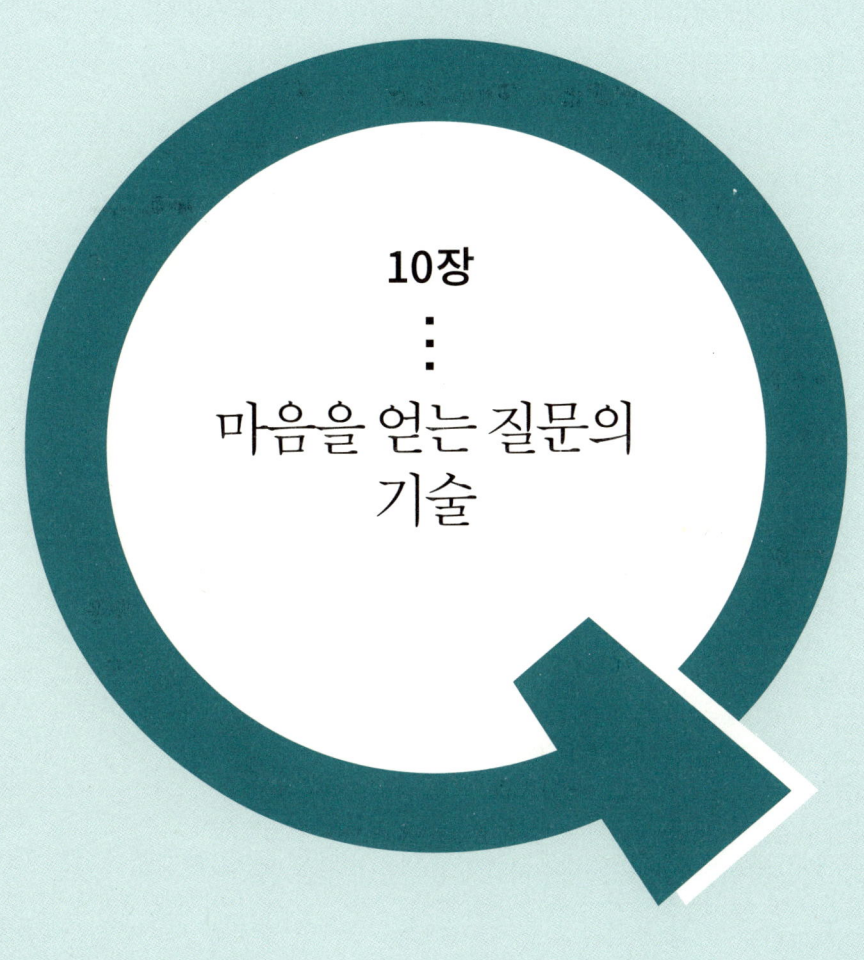

주연씨는 한 고객사에서 강의를 마치고 담당 임원과 식사를 한다. 첫 대면이라 대화가 자주 끊기고 어색한 침묵이 흐른다. 무언가 말을 해서 이 불편한 침묵을 깨야겠다는 생각을 할수록 그 많던 화제는 자취를 감춘다.

이처럼 대화가 매끄럽게 풀리지 않을 때 대화에 활력을 불어넣는 좋은 방법이 없을까?

'뒷주머니 질문'으로 하면 된다. 만일의 경우에 사용하기 위해 예비로 가지고 있는 질문이다. 사람과 상황에 따라 3 ~ 4개 정도의 질문을 가지고 있다가 어색한 침묵의 순간에 쓴다.

대표적으로 "요즈음 관심 있는 것은 무엇입니까?"

"~에 대해 어떻게 생각하십니까?"와 같은 질문이다.

뒷주머니 질문을 만들 때는 상대방이 관심 있는 것, 상대를 알기 위한 질문을 하면 좋다.[1]

당신은 어떤 질문들을 뒷주머니에 넣어 두고 싶은가?

## 01

# 상대에게 초점을 맞춘 질문, 점수를 따다

박 대리는 가끔 만나는 친구 K가 있다. 그런데 K를 만나고 나면 허전한 기분을 느낀다. 왜 그럴까 곰곰이 생각해 보니 K의 질문 습관 때문이었다. K는 박 대리를 만나서 다른 친구들에 대해 묻거나 세간에 화제가 되고 있는 일들에 대해 묻는다. 그러나 정작 박 대리가 요즘 무엇에 관심을 갖고 있는지, 일은 어떻게 하고 있는지와 같은 질문은 하지 않는다. 마치 박 대리 본인에게는 관심이 없는 듯한 인상을 받곤 한다.

이 경험에서 대화 상대방을 기분 좋게 만들고 호감을 주려면 어떻게 질문을 해야 하는가에 대한 감을 잡을 수 있다. 바로 다른 사람이나 다른 일이 아니라 상대방 자신에게 초점을 맞추어 질문하는 것이다.

## 기분이 업되는 자기 질문

사람들이 자기 자신에 대해 질문 받는 것을 더 좋아한다는 것은 실험에서도 입증된다.

하버드 대학의 심리학자인 타미르와 미첼은 실험 참가자들에게 세 유형의 질문을 제시하고 어느 질문을 택해서 답을 하는지 보았다.[2]

첫째 유형은 '자신'에 대한 질문이다. "당신은 스키 같은 겨울 스포츠를 얼마나 좋아합니까?"와 같이 자신의 의견이나 태도를 묻는다.

둘째 유형은 '타인'에 대한 질문으로, "당신이 보기에 미국 오바마 대통령은 스키 같은 동계 스포츠를 얼마나 좋아할까요?"와 같이 다른 사람의 태도를 판단하게 하는 질문이다.

셋째 유형은 '사실'을 묻는 질문이다. "레오나르도 다빈치가 모나리자를 그렸나요?"와 같이 쉬운 주제에 대해 '맞다', '틀리다'로 답할 수 있는 질문이다.

참가자들에게 이 세 유형의 질문을 두 개씩 제시하고 둘 중 하나를 고르도록 했다. 즉 '자신'과 '타인' 질문 중 하나를, '타인'과 '사실' 질문 중 하나를, '자기'와 '사실' 질문 중 하나를 고르도록 하는 것이다. 그리고 질문을 골라 답을 하면 약간의 돈을 보상으로 지급했다.

참가자들은 세 유형의 질문 중 어느 것을 많이 골랐을까?

각 유형에 동일한 금액의 보상을 받을 때 '자신'에 대한 질문을 '타인' 질문보다 69%, '사실' 질문보다는 66% 더 많이 선택했다. 참가자들은 '자기 질문'에 대한 보상금이 다른 두 질문보다 낮은 상황에서도 이 유형의 질문을 더 많이 택했다.

또한 참가자들이 자신의 의견을 이야기하도록 요청하는 질문을 받을 때 보상이나 즐거움과 관련된 뇌 영역의 신경 활동이 증가했다. 반면에 다른 사람의 의견을 추측하는 질문을 받을 때는 이 영역의 신경 활동이 그만큼 활성화되지 않았다.

이런 연구 결과들을 볼 때 대화 시 상대방을 기분 좋게 하는 방법은 간단하다. 질문으로 대화의 주인공이 되고자 하는 욕구를 충족시키는 것이다. 구체적으로, 상대의 의견이나 감정을 묻는 질문을 하고 그 질문에 대해 충분히 답을 할 시간을 주면 된다. 그러면 행복 호르몬인 도파민이 분비되어 기분이 좋아진다. 닫힌 질문이 아니라 열린 질문일 때 더 효과가 있다. 그러면 상대는 당신에게 마음을 열고 대화를 하게 된다. 당신에 대한 호감도 자연스레 상승한다.

## 02

# 겸손한 질문,
# 천하를 얻는다


한 동료가 김 과장에게 프로젝트가 생각대로 진행되지 않는다며 어려움을 호소했다. 현재 자신들의 지식으로는 해결이 어려워서 2주 동안 밤잠을 설쳐가며 고민을 하고 있다고 했다. 그 말을 듣자마자 김 과장은 "전문가의 도움을 받으면 어때?" 라고 말했다. '자기들이 지식이 부족하면 잘 아는 사람을 불러다 하면 되지 왜 그렇게 고생을 할까?' 라는 생각에서였다. 마치 그 동료가 생각하지 못한 아이디어를 자신이 제시한다는 오만한 마음도 조금 있었다. 그러나 김 과장의 조언에 그 동료는 자기도 이미 그런 생각을 했지만 다른 사람을 쓸 상황이 아니라고 말했다.

만약 누군가 당신에게 조언을 구하자마자 이렇게 반응했다면 조언 능력에서는 아직 하수라고 할 수 있다. 상대가 진짜 필요로 하는 도움을 주려면 답이 아니라 질문을 해야 한다. 그것도 '겸손하게' 질문을 해야 한다.

## 헛다리 짚지 말고 겸손하게 질문하라

겸손한 질문이란 '말'을 하는 대신 부드럽게 질문하는 기술이다. 여기서 '말'을 한다는 것은 상대에게 일방적으로 자신이 생각하는 답을 주는 것을 뜻한다. '내가 더 많이 알고 있으니 내가 하라는 대로 해라.'라는 태도가 자리 잡고 있다. 상대는 이런 태도에 기분이 상해서 더 이상 대화를 진전시키지 않으려 한다. '겸손한' 질문이라고 부르는 데는 상대방의 문제에 대해 기본적인 것도 모른다는 겸손한 자세로 질문을 해서 상대를 이해해야 한다는 의미가 담겨 있다.[3]

하버드 경영대학원의 에드몬슨 교수도 겸손한 질문을 반드시 갖추어야 할 대화 방법의 하나로 들고 있다. 지금과 같은 치열한 경쟁 속에서 한 번도 접하지 못한 복잡하고 어려운 과제를 빠르게 해결하기 위해 다른 사람들로부터 아이디어를 구하는 것이 매우 중요하다. 일방적으로 무언가를 설명하고 자신의 의견을 지시하는 대신 상대의 의견을 겸손하게 묻고 경청한다면 그들을 존중하고 아낀다는 인상을 주면서 그들로부터 전혀 생각하지 못했던 아이디어를 얻을 수 있다. 결과적으로 과제도 훨씬 더 빠르게 해결할 수 있다.[4]

### 진짜 원하는 것을 이해하라

겸손한 질문의 핵심은 상대에게 바로 자신의 답을 제시하는 것이 아니라 그 사람이 진짜 해결하고자 하는 문제가 무엇인지를 이해하는 것이다. 어떤 선입견도 없이 상대가 무엇을 필요로 하는가를 탐색하다 보면 그 사람이 이미 해결책을 갖고 있거나 대화 과정에서 찾는 경우가 많다. 다른 사람이 제시해 준 해결안보다 본인이 찾은 해결안을 실천할 가능성이 훨씬 크다. 겸손한 질문의 묘미는 바로 여기에 있다.

### 겸손한 질문 전략 1 _ 바로 답을 주려는 충동을 누른다

대화 시 상대의 이야기를 조금 듣다가 자신이 그 상황을 경험해 본 적이 있으면 곧바로 '그런 상황에서는 ~게 하면 돼!' 라는 답을 말해 주고 싶은 충동이 생긴다. 겸손한 질문을 잘 던지기 위해 가장 먼저 필요한 것은 이런 충동을 누르는 것이다.

바로 답을 주려는 충동을 억제하기 위해 하버드 교육대학원의 라이언 학장이 강조한 "잠깐, 뭐지(Wait, what?)"라는 질문을 자신에게 할 수 있다. 그는 교육대학원 졸업 연설에서 "잠깐, 뭐지?"라는 질문을 인생의 습관으로 만들어야 할 첫 번째 질문이라고 했다.[5]

"잠깐, 뭐지? 라고 묻는 것은 이해를 위해 아이디어를 명확히 하도록 요구하는 질문입니다. 결론을 내리기 전이나 결정하기 전에 물어야 할 질문입니다. 무언가를 지지하거나 반대하기 전에 먼저 그것을 분명히 이해하는 것이 중요하기 때문입니다. '잠깐'이 '뭐지?'보다 앞선다는 점에 주목하십시오. 이것은 진정으로 이해할 수 있도록 속도를 늦출 필요가 있다는 것을 알리는 신호입니다."

자신의 의견을 말하기 전에 먼저 이 질문을 던져 상대의 의견을 이해하라는 의미이다. 이렇게 하면 예단을 해서 잘못된 결정을 내리는 것도 막을 수 있다.

**겸손한 질문 전략 2 _ 진짜 필요한 것을 파악한다**

다른 사람에게 조언할 때 대개 "이렇게 해라!"라고 직접적으로 말을 하거나 이 말을 약간 돌려서 "이렇게 해봤어?"라고 질문을 한다. 그런데 이 말과 질문을 할 때 내 머릿속에는 이미 '이 방법이 좋다.'라는 가정이 들어 있다. 그러나 조언은 종종 상대의 상황을 정확히 이해하지 못한 채 자신만의 경험을 토대로 나온 것이어서 도움이 되지 않을 수도 있다.

상대가 진짜 필요한 것을 파악하기 위해 다음과 같은 겸손한 질문을 던질 수 있다.

"어떻게 해서 여기에 오시게 되었습니까?"
"현재 당면하고 있는 어려움은 무엇인가요?"

"지금 마음속에 어떤 생각이 있습니까?"
"어떤 방법들을 고려하고 있나요?"

이 질문들을 찬찬히 들여다보면 두 가지 특징이 있다. 첫째는 어떤 가정이나 선입견 없이 상대의 상황을 이해하기 위한 질문이다. 둘째는 예, 아니오나 단답형 답을 요구하는 닫힌 질문이 아니라 상대가 자유로이 이야기할 수 있도록 열린 질문을 던진다.

겸손한 질문은 질문 형식이 아닐 때도 있다. 상황을 이해하기 위해서 "그래요, 좀 더 이야기해 봐요." 같은 형식을 취하기도 한다.

겸손한 질문의 개념을 처음 제시한 에드거 쉐인 교수는 사회적 통화로 사랑, 관심, 인정, 포용, 칭찬 그리고 도움이 있는데 이 중 '도움'을 가장 중요한 사회적 통화로 꼽는다. 겸손한 질문으로 '도움'의 가치를 훨씬 더 높일 수 있다.[6]

# 피드백의 예술,
# 피드백 사다리

우리는 피드백을 통해서 학습하고 발전한다. 그래서 피드백을 '챔피언의 아침 식사'라고 말하기도 한다. 운동 챔피언이 힘을 얻는 데 아침 식사가 매우 중요하듯, 성과를 이룬 사람들은 피드백을 중요하게 사용한다는 의미다.

그런데 피드백을 주고받는 것은 결코 쉽지 않다. 아무도 자신이 뭔가 잘못하고 있다는 말을 듣고 싶어 하지 않기 때문에 '건설적인 피드백' 조차도 잘 받아들이지 않는다. 피드백을 주는 방법이 잘못되어서 상대가 이 피드백을 받아들이지 않는 경우도 종종 있다.

피드백을 주고받을 때 발생하는 이런 어려움을 최소화하고 그 효과를 높이기 위해 '피드백 사다리' 방법을 사용할 수 있다.

## 4칸의 피드백 사다리

'피드백 사다리'란 하버드 교육대학원의 데이비드 퍼킨스 교수가 개발한 모델로, 어떤 아이디어, 계획, 행동 또는 작품 등에 대해 건설적인 피드백을 주고받기 위해 사용할 수 있다.[7]

피드백 사다리는 상대의 아이디어에 대해 명확한 이해를 얻는 단계, 이 아이디어의 긍정적인 면을 살펴보는 단계, 우려 사항을 탐색하는 단계, 그리고 개선안을 제안하는 단계의 네 단계로 구성되어 있다.

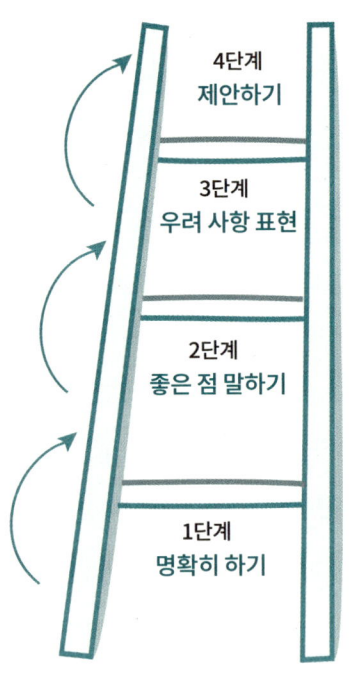

## 피드백 사다리 올라가기

피드백 사다리를 사용할 때 유의할 점은 반드시 사다리의 첫 칸부터 올라가야 한다는 것이다.

**1단계 명확히 하기 _ 내가 이해하지 못하는 부분이 있는가?**
피드백을 줄 때는 상대가 무엇을 하고자 하는지부터 명확히 파악해야 한다. 이를 위해 상대에게 질문을 하게 되는데 이때 비난을 가장한 질문을 하지 않도록 주의한다. 보통 최초의 아이디어는 명확하지 않거나 필요한 정보가 빠져 있을 수 있다. 상대의 아이디어를 정확히 이해하지 못한 채 피드백을 주면 신뢰성을 잃게 되어 그 효과가 떨어진다.

나는 과제수행 지도를 할 때 팀 멤버들끼리 피드백 사다리를 사용하도록 한다. 개인별로 자신의 과제를 다른 멤버들에게 발표하면 다른 멤버들은 이 단계에 따라 피드백을 한다.

한 멤버가 과제로 '사업 팀 간 시너지 창출 방안'을 선정했다. 동료 멤버들은 이 과제를 명확히 이해하기 위해 발표자에게 다음 질문들을 했다.

"우리 회사에서 시너지란 어떤 의미입니까?"
"어떻게 해서 이런 주제를 잡게 되었습니까?"

이런 질문을 통해서 동료 멤버들도 발표자의 과제에 대해 많은 부분을 이해할 수 있었다.

다음은 명확한 이해를 위해 사용할 수 있는 질문들이다.

- 그것을 다른 말로 표현할 수 있습니까?
- 예를 들어 줄 수 있습니까?
- 방금 얘기한 용어의 의미를 설명해 줄 수 있습니까?

**2단계 좋은 점 말하기 _ 인상적이고 주목할 만한 것은 무엇인가?**

상대가 말한 아이디어의 좋은 점을 진정성 있게 알려준다. 좋은 점을 최대한 구체적으로 표현할 때 상대는 당신의 칭찬이 형식적인 것이 아니라 진지한 이해에서 나온 것이라고 느낀다.

앞의 예시에서 동료들은 발표자에게 이렇게 좋은 점을 알려 주었다.

"요즘 융합과 협업에 대한 관심이 증가되고 있는데 아주 시기적절한 주제인 것 같습니다."

"이 주제는 우리 회사가 기존 고객 니즈를 충족하고 신규 고객을 확보하는 데 많은 도움이 될 것입니다."

이렇게 아이디어의 강점 또는 좋은 점부터 알려 주면 상대는 방어벽을 허물고 마음을 활짝 열게 된다. 이후에 우려 사항에 대해 피드백을 주더라도 이것을 비난으로 여기지 않고 훨씬 잘 받아들인다.

이 단계에서 빠지기 쉬운 함정은 자신도 모르게 "좋은 아이디어입니다. 하지만," 과 같이 '예, 그러나(Yes, but)' 형식을 사용하는 것이다. 이렇게 하면 상대는 이 피드백을 칭찬이라고 받아들이지 않는다. 오히려 마음의 문을 닫는다.

**3단계 우려 사항 표현 _ 어떤 우려 사항이 있는가?**

이 아이디어에 대한 우려 사항을 표현한다. 이때 "이 아이디어는 이 점에서 잘못되었습니다." 와 같은 판단이나 "이 아이디어는 바보 같은 생각입니다." 와 같이 개인적인 공격을 하지 않도록 주의한다.

그 대신 "이 아이디어에 대해 이런 점이 염려가 됩니다." "이 부분이 궁금합니다." " ~을 고려했습니까?" 와 같은 방식으로 우려사항을 제기한다.

"과제의 범위가 불분명한 것 같아 염려가 됩니다. 예를 들어, 어느 사업 팀과 어느 사업 팀 간의 시너지에 초점을 맞출 것인지 궁금합니다."

"현재 어떤 팀들 간의 시너지를 생각하고 있습니까?"

이런 형식의 피드백에는 자신의 의견이 100퍼센트 맞다는 확신이 들어 있지 않기 때문에 피드백을 받는 사람은 거부감을 덜 느낀다.

### 4단계 제안하기 _ 우려 사항을 잠재울 제안이 있는가?

마지막으로, 발표자에게 아이디어를 제안한다.

"A사업팀과 B개발팀 간의 시너지에만 초점을 맞추어서 연구해 보면 어떨까요?"

"특히 마케팅 관점에서 어떻게 시너지를 낼 것인지를 고민해 보면 어떨까요?"

이 제안을 받아들일지 여부는 상대가 결정한다. 제안은 강제 사항이 아니라 제안일 뿐이다. 그러나 우리의 경험상 앞의 단계들을 거치면서 피드백을 주면 상대방이 수용할 가능성은 더 높다.

피드백 사다리를 활용한 피드백은 몇 분 만에 끝날 수도 있고 한 시간 남짓 걸릴 수도 있다. 피드백 사다리는 일대일 대화 상황에서 피드백을 줄 때, 상사가 부하를 코칭할 때, 프로젝트에 대한 피드백을 줄 때, 대학에서 학생들을 가르칠 때 등 다양한 상황에서 자주 활용된다. 그 효과는 상상할 수 없을 정도로 크다.

# MPS 질문으로
# 행복을 찾는다

"당신이 매일 해야 하는 일을 좋아하는가?"

이 질문에 겨우 20퍼센트만이 강한 '긍정'의 답을 했다. 우리는 하루 시간 중 적어도 3분의 1 이상을 일을 하는 데 보낸다. 그만큼 일은 우리의 삶에서 큰 부분을 차지하지만 많은 사람들이 일에서 행복감을 느끼지 못한다는 말이다.

세계적인 행복학의 권위자인 하버드대의 탈 벤-샤하르 교수는 사람들에게 행복의 의미를 되새기게 하며 오직 돈과 명예나 성취만을 위해 행복을 포기하지 말라고 가르친다.

행복을 느낄 수 있는 일을 어떻게 찾을 수 있을까? 탈 벤-샤하르 교수의 MPS 질문을 활용할 수 있다.[8]

### 행복을 찾는 파인더

MPS 질문이란 의미(Meaning), 즐거움(Pleasure), 강점(Strength)을 묻는 질문을 말한다.

**M. 의미**  무엇이 나에게 의미를 주는가? 의미를 발견하기 위해서 나는 어떤 것에 가치를 두는가를 파악해야 한다. 나의 가치관과 잘 맞는 일을 할 때 더 큰 의미를 느낄 수 있기 때문이다.

**P. 즐거움**  무엇이 나에게 즐거움을 주는가? 어떤 일, 취미, 또는 활동이 나에게 즐거움을 주는가를 이해한다. 꼭 일과 관련된 것일 필요는 없다.

**S. 강점**  나의 강점은 무엇인가? 나의 강점을 파악하는 것이 쉽지는 않다. 만일 자신의 강점이 떠오르지 않으면 나를 잘 아는 사람들에게 물어본다.

내가 행복감을 느끼면서 있을 자리는 '의미 + 즐거움 + 강점'이 모인 곳이다. 이 부분을 '스윗 스팟(sweet spot)'이라고 한다. 이 세 질문에 답을 해보고 이런 부분을 찾아보면 어떤 일을 선택해야 할지 분명히 알 수 있다.

## MPS 예시: 비즈니스 코치

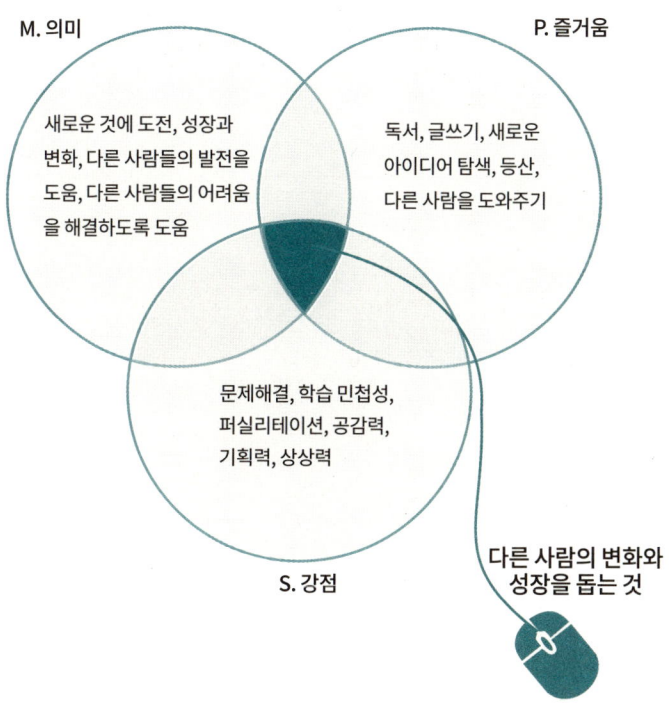

이 예시에서 세 가지가 중첩되는 부분은 '다른 사람의 변화와 성장을 돕는 것'이다. 이것에 맞는 일 중 하나가 바로 비즈니스 코치다. 이 사람은 현재 이 일을 하면서 큰 만족감을 느끼고 있다.

우리의 강점을 활용하고 의미와 즐거움을 주는 일을 발견하기란 쉽지 않다. 그러나 MPS 질문을 하고 그 답에 맞는 일이나 프로젝트를 선택해 보라. 시간이 흐르는 것도 모른 채 일에 열중하는 몰입을 경험하게 될 것이다. 이 상태에 머무를 때 삶의 질은 훨씬 높아진다.

# 질문 문맹에서 벗어나라

　우리 마음속에는 두 마리의 말이 있다. 하나는 호기심을 좋아하는 '질문'이라는 말이고 또 한 마리는 갔던 길만 고집하는 '답'이라는 말이다. 우리는 대개 '답' 말에만 관심을 기울이고 좋은 양식을 먹여 주었다. 이 말은 점점 힘이 세진다. 반면에 '질문' 말은 제대로 얻어먹지 못하고 훈련도 받지 못해 점점 야위어 간다. 지금까지는 '답' 말만 타고서도 경주에서 이길 수 있었다. 그러나 이제는 게임의 룰이 바뀌었다. 질문이라는 말을 타지 않으면 경주에서 이길 수 없는 세상이 되었다. 질문의 시대가 도래한 것이다. 앞으로는 문맹이 글을 읽을 줄 모르는 사람이 아니라 질문을 할 줄 모르는 사람일 것이다.

　그래서 점점 많은 사람들이 질문하는 습관을 만들거나 질문을 잘 하려는 노력을 시작한다. 그러나 질문 실력은 하루아침에 쑥쑥 느는 것이 아니다. 질문의 고수들은 질문에 열정을 갖고 반복 또 반복해서

꾸준히 연습을 하는 '의도적 수련'을 한다. 이런 노력 없이 질문을 잘 하고자 하는 것은 요행을 바라는 것과 같다.

가장 중요한 요건은 자신의 질문 행동을 관찰해 보고 개선을 위해 의도적인 노력을 하는 것이다. 이 책은 이 노력을 돕기 위한 것이다. 이 책을 곁에 두고 자신의 질문 행동을 성찰하고 발전시키는 데 활용할 수 있다.

<변신>을 지은 세계적 작가 프란츠 카프카(Franz Kafka)는 "책이란 무릇 우리 안에 있는 꽁꽁 얼어 버린 바다를 깨뜨리는 도끼가 되어야 한다."라고 말했다. 이 책은 딱딱한 생각을 질문으로 녹일 수 있는 계기가 될 것이다.

우리 저자들이 쓴 <질문 파워>는 국립중앙도서관 선정 『휴가철에 읽기 좋은 책 100선』에 선정되었으며 지금까지도 독자들의 사랑을 받고 있다.

많은 독자들이 보다 구체적인 질문 방법을 담은 책을 언제 쓰냐고 연락을 해왔다. 우리는 7년 동안 많은 자료를 모으고 연구를 했다. 그리고 이 새로운 내용을 실제로 현장에서 적용해 보고 그 힘을 경험했다.

이 책에 소개된 질문법은 우리 저자들에게도 많은 영향을 미쳤다. 예를 들어, 회사에서 프로젝트 코칭을 하면서 '피드백 사다리'를 활용하자 참가자들은 피드백을 더 잘 받아들였고 더 좋은 성과를 냈다. 일방적 강의가 아니라 질문 중심으로 강의를 하자 강의 몰입도가 훨씬 높아졌다. 중학생 아들의 진로를 고민하는 부모에게 'MPS 질문(의미, 열정, 강점을 찾는 질문)'을 소개해주었다. 그 부모는 아들의 진로를 결정하는 데 이 질문이 많은 도움이 되었다고 하면서 이 책의 출간을 기다리고 있다. 대학 교수들에게 질문을 강의할 때 교수들은 플립러닝과 프로젝트 기반 학습에 질문을 어떻게 활용해야 하는지에 많은 관심이 있었다. 이 방법들에서는 질문이 핵심이기 때문이다. 그들도 이 책을 기다리고 있다.

이 책은 우리 저자 둘만의 작품이 아니다. 그동안 질문 선배들이 없었다면 탄생할 수 없었을 것이다. 특히 우리의 지도교수이며 인생의 멘토인 마이클 마쿼트 조지워싱턴 교수의 지원과 격려에 감사하는 마음이다. 또한 주위의 많은 분들이 응원을 해주었다. 모든 분들께 감사드린다.

우리 모두가 질문을 통해서 더 한층 발전하고 성장하기를 바라는 마음이다.

| 참고문헌 |

### 프롤로그

1. 케빈 켈리 (2017), 인에비터블: 미래의 정체, 12가지 법칙으로 다가오는 피할 수 없는 것들, 이한음 옮김, 청림출판
2. Brooks, A. W. & John, L. K. (May–June 2018), The surprising power of questions. Harvard Business Review

### 1장

1. 로버트 S. 캐플런 (2012), 사람을 이끄는 힘, 한수영 옮김, 교보문고
2. 인재 모으기만 하는 리더는 하수, http://premium.chosun.com/site/data/html_dir/2016/04/29/2016042902505.html?pmletter
3. Perry, W. G. (1970), Forms of Intellectual and Ethical Development in The College Years: A Scheme. New York: Holt, Rinehart & Winston.
4. The Future is Now: Medical education for the 21st century, https://www.youtube.com/watch?v=MRc9i85R2sY

### 2장

1. Rescuing Aristotle, https://scientiasalon.wordpress.com/2014/10/03/rescuing-aristotle/
2. Terry, L. (September 7, 2015), Finding question zero. Social Ventures Australia
3. Wedell-Wedellsborg, T. (2017), Are you solving the right problems?. Harvard Business Review
4. 켄 베인 (2005), 미국의 최고의 교수들은 어떻게 가르치는가, 안진환, 허형은 옮김, 뜨인돌
5. 대니얼 카너먼 (2012), 생각에 관한 생각, 이원진 옮김, 김영사
6. 제롬 그루프먼 (2007), 닥터스 씽킹, 이문희 옮김, 해냄
7. Marzano, R. J. (1998). A Theory-Based Meta-analysis of Research on Instruction. Aurora, CO: McREL.
8. https://www.intel.in/content/dam/www/program/education/apac/in/en/documents/project-design/IN_ProjectDesign_ThinkingSkills_HigherThinking_Metacognition.pdf
9. Hill, Charles W. L. (2000), Disney in France. In International Business, Competing in the Global Marketplace. Irwin McGraw Hill, pp. 106–107.
10. Paul, R. & Elder, L. (2002), Critical Thinking: Tools for Taking Charge of Your Professional and Personal Life, Financial Times Prentice Hall
11. Paul, R. & Elder, L. (2002), Critical Thinking: Tools for Taking Charge of Your Professional and Personal Life, Financial Times Prentice Hall
12. 데이비드 퍼킨스 (2001), 달팽이는 어떻게 고정관념의 틀을 깼을까?, 장성묵 옮김, 홍익출판사

13. 에밀리 챈 (2011), 하버드 MBA출신들은 어떻게 일하는가, 이상규 옮김, 이상media
14. Bradt, G. (Dec 5, 2012), Three essential questions of big data: What? So what? Now what?. Forbes
15. 오유석 (2015), 하버드MBA 인사이드 스토리, 상지원
16. 스기무라 다로외 (2009), 하버드 케네디스쿨, 남소영 옮김, 에이지 21
17. HMS Lean Yellow Belt Training A3 Thinking, https://hms.harvard.edu/sites/default/files/assets/Sites/HR/files/HMS%20Yellow%20Belt%20Training%2010.3.16.pdf
18. Emily Chan (2009), Harvard Business School Confidential: Secrets of Success, Wiley

**3장**

1. Perry, W. G. Jr. (1970), Forms of Intellectual and Ethical Development in the College Years: A Scheme. New York: Holt Rinehart and Winston.
2. Anderson, L. W. (1999), Rethinking Bloom's Taxonomy: Implications for testing and assessment. ED 435630.
3. 이태복, 최수연 (2011), 질문 파워: 차이를 만드는 질문의 기술
4. https://www.ama-assn.org/sites/default/files/media-browser/public/medical-schools/ace-consorti-um-schools/consortium-images/spring-consortium-meeting-poster-harvard.pdf

**4장**

1. Berger, W. (Septermber 7, 2012), The secret phrase top innovators use, Harvard Business Review Blog
2. 엘렌 랭어 (2015), 마음챙김 : 마음이 삶을 어디까지 바꿀 수 있는가, 이양원 옮김, 더 퀘스트
3. Langer, E. J., & Piper, A. I. (1987), The prevention of mindlessness. Journal of Personality and Social Psychology, 53(2), 280-287.
4. Schein, E. H. (2013), Humble Inquiry: The Gentle Art of Asking Instead of Telling. Berrett-Koehler Publishers
5. Heifetz, R., Linksy, M., & Grashow, A. (2009), The Practice of Adaptive Leadership. Cambridge: Harvard Business Press
6. 제프 다이어, 할 그레거슨, 클레이튼 M. 크리스텐슨 (2012), 이노베이터 DNA: 성공하는 혁신가들의 5가지 스킬, 송영학, 김교식, 최태준 옮김, 세종서적
7. 제프 다이어, 할 그레거슨, 클레이튼 M. 크리스텐슨 (2012), 이노베이터 DNA: 성공하는 혁신가들의 5가지 스킬, 송영학, 김교식, 최태준 옮김, 세종서적
8. 래플리, 로저마틴 (2013), 승리의 경영전략, 김주권 외 2인 옮김, 진성북스
9. 더글라스 스톤, 브루스 패튼, 쉴라 힌 (2003), 대화의 심리학, 김영신 옮김, 21세기북스,
10. 이태복, 최수연 (2011), 질문 파워: 차이를 만드는 질문의 기술
11. 이태복, 최수연 (2011), 질문 파워: 차이를 만드는 질문의 기술

12. HBS Christensen Center, Case Method in Practice: Questioning, Listening and Responding
13. Weimer, M. (November 6, 2013), Better Questions are the Answer, Faculty Focus

## 5장

1. C. Roland Christensen Center for Teaching and Learning, Harvard Business School (2008), Questions for Class Discussions. http://www.hbs.edu/teaching/case-method-in-practice/core-principles.html.

## 6장

1. Barsh, J. & Lavoie, J. (April 2014), Lead at your best, McKinsey Quarterly
2. 제롬 그루프먼 (2007), 닥터스 씽킹, 이문희 옮김, 해냄
3. HBS Christensen Center, Case Method in Practice: Questioning, Listening and Responding
4. Ritchhart, R., Church, M., & Morrison, K. (2011), Making Thinking Visible: How to Promote Engage-ment, Understanding, and Independence for All Learners. San Francsico: Jossey-Bass
5. 하워드 가드너 (2015), 인간은 어떻게 배우는가?, 류숙희 옮김, 사회평론
6. Di Stefano, G., Gino, F., Pisano, G. P., & Staats, B. R. (2014, Revised June 2016). Making experience count: The role of reflection in individual learning. Harvard Business School Working Paper, 14-093
7. Light, R. J. (2004), Making the Most of College: Students Speak Their Minds. Cambridge, MA: Harvard University Press.
8. C. Roland Christensen Center for Teaching and Learning, Harvard Business School (2008), Questions for Class Discussions. http://www.hbs.edu/teaching/case-method-in-practice/core-principles.html.
9. 스기무라 다로외 (2009), 하버드 케네디스쿨, 남소영 옮김, 에이지 21

## 7장

1. Wagner, T. (2008), The global achievement gap: Why even our best school don't teach the new survival skills our children need—and what we can do about it. New York, NY: Basic Books.
2. Weinstein, Y., McDermott, K. B., & Roediger, H. L. (2010), A comparison of study strategies for passages: Rereading, answering questions, and generating questions. Journal of Experimental Psychology, 16(3):308 - 16. / King, A. (1989), Effects of self-questioning training on college students' comprehension of lectures. Contemporary Educational Psychology, 14(4), 366-381.
3. Dietz-Uhler, B. & Lanter, J. R. (2009), Using the four-questions technique to enhance learning. Teaching of Psychology, 36(1), 38-41.
4. Stanier, M. B. (2016), The Coaching Habit. Say Less, Ask More, & Change the Way You Lead Forever. Toronto, ON: Box of Crayons Press.
5. Zimmerman, B. J., & Pike, E. O. (1972), Effects of modeling and reinforcement on the acquisition and

generalization of question-asking behavior. Child Development, 43(3), 892-907.
6. Ritchhart, R.. (2012), The real power of questions. Creative Teaching and Learning, Vol. 2.4, 8-12
7. Palincsar, A. S., & Brown, A. L. (1984), Reciprocal teaching of comprehension fostering and comprehension-monitoring activities. Cognition and Instruction, 2, 117-175
8. Students don't demonstrate critical thinking., http://www.cmu.edu/teaching/solveproblem/strat-criticalthinking/criticalthinking-02.html-
9. Meister, R. B. & Chapman, S. (1996), Teaching students to generate questions: A review of the intervention studies. Review of Educational Research, 66(2), 181‐221.
10. Rothstein, D. & Santana, L. (September/October 2011), Teaching students to ask their own questions: One small change can yield big results. Harvard Education Letter, Volume 27, Number 5
11. Rothstein, D. & Santana, L. (2011), Make Just One Change: Teach Students to Ask Their Own Questions. Cambridge, MA: Harvard Education

## 8장

1. Great leaders ask questions: A fortune 100 list, http://leadingwithquestions.com/wp-content/downloads/Q9foLUagOIjvyerRXfmATLRLDqIZ6qMG.pdf
2. HBS Christensen Center, Case method in practice: Questioning, listening and responding
3. Leonard, H. B. (1991), With open ears: Listening and the art of discussion leading. In C.R. Christensen, D.A. Garvin, and A. Sweet, (Eds.). Education for Judgment, Harvard Business School Press, 137-151.
4. Garvin, D. (2000), Learning in Action: A Guide to Putting the Learning Organization to Work, Harvard Business School Press
5. Leonard, H. B. (1991), With open ears: Listening and the art of discussion leading. In C.R. Christensen, D.A. Garvin, and A. Sweet, (Eds.). Education for Judgment, Harvard Business School Press, 137-151.

## 9장

1. 로저 로젠블랫 (2011), 하버드대 까칠 교수님의 글쓰기 수업, 승용조 옮김, 돈을새김
2. Edmondson, A. (December 1999), Error! Hyperlink reference not valid. Administrative Science Quarterly 44, no. 4: 350-383
3. Foster psychological safety, https://rework.withgoogle.com/guides/understanding-team-effectiveness/steps/foster-psychological-safety/-
4. Is your team in 'psychological danger'?, https://www.weforum.org/agenda/2016/04/team-psych-ological-danger-work-performance/
5. Gragg, C. I. (1994), Teachers must also learn. In L. B. Barnes, C. R. Christensen, & A. J. Hansen (Eds), Teaching and the case method (3rd ed.) pp. 15-22

6. Nembhard, I. M., & Edmondson, A. C. (2006), Making it safe: The effects of leader inclusiveness and professional status on psychological safety and improvement efforts in health care teams. Journal of Organizational Behavior, 27, 941 - 966.
7. Dawes, J. R. (March 9, 2017), Ten Strategies for Effective Discussion Leading. Derek Bok Center for Teaching and Learning, Harvard University, Cambridge, MA, http://bokcenter.harvard.edu/ten-strategies-effective-discussion-leading
8. Derek Bok Center for Teaching and Learning, Harvard University, 2000
9. Dean James Ryan's prepared remarks at the 2016 HGSE Presentation of Diplomas and Certificates, https://www.gse.harvard.edu/news/16/05/good-questions
10. Rogers, T., & Norton, M. I. (2011), The artful dodger: Answering the wrong question the right way. Journal of Experimental Psychology: Applied, 17, 139 - 147
11. Davis, B. G. (2009), Tools for Teaching, 2nd edition, Jossey-Bass
12. 이태복, 최수연 (2011), 질문 파워: 차이를 만드는 질문의 기술
13. Minstrell, V. Z. J. (1997), Using questioning to guide student thinking. Journal of the Learning Sciences, Vol. 2, pp. 227 - 268
14. Hojat, M., Louis, D. Z., Markham, F. W., Wender, R., Rabinowitz, C., & Gonnella. J. S. (2011). Physician empathy and clinical outcomes in diabetic patients. Academic Medicine, 86, 359-364.
15. Riess, H. & Kraft-Todd, G. (Aug., 2014), E.M.P.A.T.H.Y.: A tool to enhance nonverbal communication between clinicians and their patients. Acad Med., 89(8):1108-12. PMID: 24826853

## 10장

1. Bradberry, T. & Greaves, J. (2009), Emotional Intelligence 2.0. California: TalentSmart,
2. Tamir, D. I. & Mitchell, J. P. (2012). Disclosing information about the self is intrinsically rewarding. Proceedings of the National Academy of Sciences, 109(21), 8038-8043.
3. Schein, E. H. (2013). Humble Inquiry: The Gentle Art of Asking Instead of Telling. Berrett-Koehler Publishers
4. 에드먼슨, A. (2015), 티밍: 조직이 학습하고 혁신하는 스마트한 방법, 오지연, 임제니퍼 공역, 정혜
5. Dean James Ryan's prepared remarks at the 2016 HGSE Presentation of Diplomas and Certificates, https://www.gse.harvard.edu/news/16/05/good-questions
6. 에드거 샤인 (2010), 헬핑: Helping, 채서일 역, 옥당
7. Perkins, D. (2002), King Arthur's Round Table: How Collaborative Conversations Create Smart Organizations, Wiley
8. 탈 벤-샤하르 (2008), 해피어, 노혜숙 옮김, 위즈덤하우스